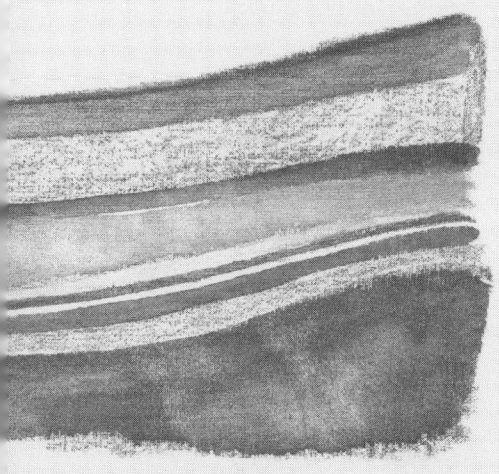

非行臨床の新潮流

リスク・アセスメントと処遇の実際

生島　浩 *Hiroshi Shojima*
岡本吉生 *Yoshio Okamoto*
廣井亮一 *Ryoichi Hiroi*

|編著|

金剛出版

はじめに

　非行臨床は，大きな課題を抱え新潮流を生み出しつつある。
　非行臨床の目的であるリハビリテーション機能は，「少年院帰り」といった社会的烙印を押されていたり，就労に必要なソーシャル・スキルが欠如していたりするなどの社会的障害を的確に受け止め，非行少年の立ち直りを援助するものである。すなわち，裁判により黒白をつけられた段階から，社会的支援による「ぼかし機能」によって非行少年に貼られたレッテルを曖昧にして，家庭での「居場所感」を取り戻し，学校や職場に復帰できる環境を整えることである。このような社会・家庭との絆を確保することが，再非行を抑止する王道であることは実証的に明らかにされてきた（生島浩『非行臨床の焦点』金剛出版，2003）。
　一方，非行臨床が再非行の抑止のために，的確なアセスメントによるリスク・マネジメント機能を持つことも明白である。だが，悪い友だちの誘いに乗ったというような「理解しやすい非行」では社会の安全感は損なわれないので，モニター（監視）を伴うマネジメント機能を強化するよう求められることはない。しかし，マスコミで大きく報道される重大非行のうち「理解しがたい非行」，特に，非行少年に発達や人格上の大きな偏りがあり，後悔や反省が語られることのない事案への対応が喫緊の課題となっている。
　「ぼかし」を促すリハビリテーションと「モニター」を伴うリスク・マネジメントといった相克する機能の折り合いを図りながら，専門機関としての説明責任を果たしていくためには，「実証的に支持された処遇（Empirically Supported Treatment）」の導入が必要不可欠である。具体的には，非行問題を抱える青少年を取り巻く仲間，学校，近隣の人々など多様なシステムに働きかけ

はじめに

るものであり，そのエッセンスは，家族への介入であることが，欧米の実証的研究でも明らかとなっている。編著者の三人は，現在は大学教員であるが，保護観察官・家庭裁判所調査官としての長い臨床経験から，リスク・マネジメントの実務にも精通し，さらには，システム論に基づく家族臨床を中核としたシステムズ・アプローチをわが国でいち早く非行臨床に導入・展開してきたものと自負している。

*****

本書は，生島が研究代表者となった平成19～21年度科学研究費補助金研究「非行臨床における精神障害に関わるリスク・アセスメントと処遇に関する実証的研究」の成果がもとになっている。廣井亮一・岡本吉生の両氏が研究分担者として加わり，それぞれの実践領域で調査研究を重ねたほか，平成20年11月にはオーストラリア・ビクトリア州において「ジャスティス・クライエント」と呼ばれる対象者への刑事司法と福祉が協働してアプローチする先進的取り組みを実地調査した。当然のことながら，われわれの最終目標は，一個人の試行ではなく，わが国でのシステミックな展開であり，新たな非行臨床モデルの提示を気鋭の研究者と実践者に依頼し，研究グループが編著者となったものが本書の成り立ちである。

第Ⅰ部は廣井亮一氏が「ジャスティス・クライエントへの『司法臨床』の展開」と総論を展開し，水藤昌彦氏「知的障害のある非行少年(ジャスティス・クライエント)への司法と福祉の協働した対応」，森久智江氏「障害のある非行少年の司法手続と処遇について」，小柳武氏「矯正施設における知的障害者の処遇」と，障害のある非行少年・犯罪者に対する臨床モデル構築に向けて，制度論を中心に基礎的検討を行った。

第Ⅱ部は，岡本吉生氏が「非行リスクとしての障害と関連問題」で実践課題のまとめを行い，田邊昭雄氏・小柴孝子氏「学校における問題行動への対処と非行予防」，坂野剛崇氏「触法・低年齢少年の非行の特徴」，佐藤伸一氏「非行少年の当事者モデルによるアセスメント」と，学校，家庭裁判所，少年鑑別所など多様な臨床現場での非行リスクを抱えた子どものアセスメントについて論じた。

第Ⅲ部は，筆者が「非行臨床モデルの意義と課題」で問題提起を試み，河野荘子氏「非行からの離脱とは何か」，小原多須奈氏「矯正教育の新潮流」，石井智之氏「非行少年の地域生活支援に向けて」と非行少年の立ち直りに焦点を当てた論述を集めた。

　研究課題の発達障害・精神障害に関わる非行に限定されることなく，「システムズ・アプローチ」を基本理念として，多機関連携を主軸とする非行臨床における新たな手法を「非行臨床の新潮流」と称して明示したつもりである。海外の先進的な実践も紹介されてはいるが，実務家による検討が加えられており，わが国での導入・展開に配意したものとなっている。

　本書が，冒頭に掲げた非行臨床の課題解決に応えるものとなり，それに関わる者はもとより，医療・教育・福祉などの関連領域の専門家にとっても有用であり，真に実証的に支持された「リスク・アセスメントと処遇」の実現に寄与することを期待している。

大震災の地にあって非行臨床家の役割を思いつつ

編著者を代表して　**生島　浩**

非行臨床の新潮流———リスク・アセスメントと処遇の実際

目次

はじめに　生島 浩……3

第Ⅰ部　ジャスティス・クライエントへの心理・福祉的アプローチ……11

第1章　ジャスティス・クライエントへの「司法臨床」の展開……13

廣井亮一　Ryoichi Hiroi

- ▶▶ はじめに……13
- ▶▶ 現行の少年司法システムの問題と課題……13
- ▶▶ 諸外国の状況———オーストラリアのDHSとカナダの問題解決型裁判所……17
- ▶▶ わが国におけるジャスティス・クライエントの実状……19
- ▶▶ ジャスティス・クライエントへの対応の展望と課題
  ———「司法臨床」によるアプローチ……22

第2章　知的障害のある非行少年（ジャスティス・クライエント）への司法と福祉の協働した対応……27
　　　　———オーストラリア・ビクトリア州の処遇実践の適用可能性

水藤昌彦　Masahiko Mizuto

- ▶▶ はじめに……27
- ▶▶ 少年司法制度の概要……28
- ▶▶ 知的障害者福祉制度の概要……31
- ▶▶ ジャスティス・クライエントの処遇……33
- ▶▶ ビクトリア州の処遇制度の特徴……38
- ▶▶ おわりに……40

第3章　障害のある非行少年の司法手続と処遇について……42
　　　　———法的観点から

森久智江　Chie Morihisa

- ▶▶ はじめに……42
- ▶▶ 少年法「改正」の経緯と現状……43

目次

- ▶▶ 少年法「改正」以前における障害のある非行少年への対応……45
- ▶▶ 少年法「改正」後における障害のある非行少年への対応……47
- ▶▶ 少年法の理念と障害のある非行少年の適正手続保障……50
- ▶▶ おわりに……55

第4章　矯正施設における知的障害者の処遇……57

小柳 武 Takeshi Koyanagi

- ▶▶ 矯正施設について……57
- ▶▶ 矯正施設における知的障害者の特質……58
- ▶▶ A社会復帰促進センターにおける特化ユニットでの試み……61
- ▶▶ おわりに……66

第II部　精神／発達障害と非行・犯罪臨床におけるリスク・アセスメント　67

第1章　非行リスクとしての障害と関連問題……69

岡本吉生 Yoshio Okamoto

- ▶▶ はじめに……69
- ▶▶ 障害と非行・犯罪……70
- ▶▶ 非行のリスクファクターとしての発達障害……72
- ▶▶ 被虐待体験……73
- ▶▶ 両親の不和と非行……74
- ▶▶ 「障害と非行」に関するアンケート……76
- ▶▶ 結果の概要と解説……77

第2章　学校における問題行動への対処と非行予防……82

田邊昭雄 Akio Tanabe ／ **小柴孝子** Takako Koshiba

- ▶▶ 教育困難校における発達障害支援モデル……82
- ▶▶ 教育センターにおける子どもの問題行動への対処と非行予防……91

第3章　触法・低年齢少年の非行の特徴……96
――事例のメタ分析によるケースフォーミュレーションのモデル化

坂野剛崇 *Yoshitaka Sakano*

- ▶▶ はじめに……96
- ▶▶ 分析の対象とした事例・分析方法……97
- ▶▶ 分析結果……99
- ▶▶ 触法・低年齢少年による非行のフォーミュレーションモデル……106
- ▶▶ おわりに……112

第4章　非行少年の当事者モデルによるアセスメント……114

佐藤伸一 *Shinichi Sato*

- ▶▶ はじめに……114
- ▶▶ 非行のある少年の当事者モデルによるアセスメント＝「当事者研究」
  ――医学モデルから当事者モデルへ……115
- ▶▶ 非行のある少年の「当事者研究」の方法……118
- ▶▶ 非行のある少年の「当事者研究」のすすめ方……119
- ▶▶ 非行のある少年の「当事者研究」の事例……126
- ▶▶ 当事者モデルによるアセスメント＝「当事者研究」の展望……130

第Ⅲ部
非行臨床の新潮流

第1章　非行臨床モデルの意義と課題……135

生島　浩 *Hiroshi Shojima*

- ▶▶ はじめに……135
- ▶▶ 非行臨床モデルの意義と課題……136
- ▶▶ 非行臨床におけるシステムズ・アプローチ……138
- ▶▶ 科学的根拠に基づく実践……139
- ▶▶ リスク・ニーズ・モデル……140
- ▶▶ 新たな臨床モデルの構築に向けて……142
- ▶▶ おわりに……145

第2章　非行からの離脱とは何か……148
――離脱にいたる心理プロセスモデルの提案

河野荘子 *Shoko Kono*

- ▶▶ はじめに……148
- ▶▶ 非行からの離脱（desistance）とは……149
- ▶▶ 非行からの離脱にいたる心理プロセスモデルの検証
  ――ある青年期事例をもとに……155
- ▶▶ まとめにかえて……159

第3章　矯正教育の新潮流……161

小原多須奈 *Tazuna Ohara*

- ▶▶ はじめに……161
- ▶▶ 少年院と矯正教育……161
- ▶▶ 発達障害の視点を取り入れた処遇と認知行動療法……163
- ▶▶ 保護者に対する措置……164
- ▶▶ 被害者の視点を取り入れた教育……168
- ▶▶ おわりに……169

第4章　非行少年の地域生活支援に向けて……172
――沼田町就業支援センターにおける保護観察処遇

石井智之 *Tomonori Ishii*

- ▶▶ はじめに……172
- ▶▶ センター設置に至るまでの経緯……173
- ▶▶ センターおよび実習農場の概要等について……176
- ▶▶ 非行少年の地域生活支援に向けて……181
- ▶▶ おわりに……184

あとがき　岡本吉生・廣井亮一……187
索引……189

第Ⅰ部
ジャスティス・クライエントへの心理・福祉的アプローチ

第1章
ジャスティス・クライエントへの「司法臨床」の展開

第2章
知的障害のある非行少年への司法と福祉の協働した対応
―――オーストラリア・ビクトリア州の処遇実践の適用可能性

第3章
障害のある非行少年の司法手続と処遇について
―――法的観点から

第4章
矯正施設における知的障害者の処遇

第Ⅰ部 ジャスティス・クライエントへの心理・福祉的アプローチ

第1章
ジャスティス・クライエントへの「司法臨床」の展開

廣井亮一 *Ryoichi Hiroi*
［立命館大学文学部］

≫ はじめに

　第Ⅰ部では，発達障害や知的障害のある非行少年に対する，心理臨床的支援を基盤とした新たな少年司法システムをデザインすることを目的とする。

　第1章では，現行の少年司法システムは，すでに半世紀以上を経て現代の非行少年の質的変化に対応していないという認識のもとに，司法と福祉・臨床の協働体制の問題と課題について，わが国の家庭裁判所のアプローチを考察する。

　第2章では，第1章を踏まえて，オーストラリア・ビクトリア州での知的障害のある非行少年への司法と福祉の協働による処遇実践を報告する。

　第3章では，法的観点から，障害のある非行少年に対する法的対応がいかにあるべきか，その基本的理念について考察する。

　第4章では，従来の矯正施設とは異なる特徴を有するPFI（Private Finance Initiative）方式による刑務所の社会復帰促進センターにおける，知的障害者の処遇の実際を報告する。

≫ 現行の少年司法システムの問題と課題

　少年司法全体を規定する少年法は，年齢差に基づく刑法の特別法として位置づけられている。刑法は1907（明治40）年に制定されて現在に至っている。

第 I 部
ジャスティス・クライエントへの
心理・福祉的アプローチ

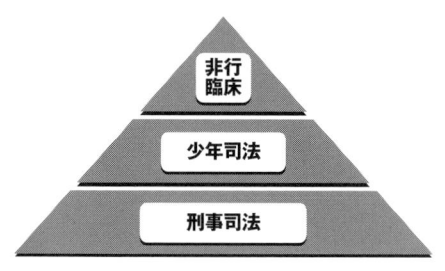

図1　少年司法システムの構造

　少年法は1922（大正11）年の旧少年法を経て，1948（昭和23）年に新少年法が制定された。すなわち現在の少年司法は，100年間以上続く刑事司法という土台に63年前に建てられた，少年の更生のための特別な建築物にたとえることができる。その構造は図1のように示される。また，刑法の基本は犯罪に対する刑罰を科すことを定めた法律であり，教育刑を標榜するわが国の刑法[注1]といえども，犯罪者に対する応報，隔離，威嚇の側面があることは否めない。

　このような構造からすると，少年司法システムは，応報や隔離を基調とする刑事司法システムの枠組みに，少年の健全育成を理念として福祉・臨床的な性格を付与した特異なものであるということができる。このことが非行臨床におけるもっとも大きな特徴であり，克服すべきさまざまな課題を内包している。

　たとえば，非行少年に対する初期介入では警察の捜査活動において国家権力が導入され，送致後は家庭裁判所と少年との間に「裁く者と裁かれる者」という明確な法的支配関係が形成される。少年警察活動には非行防止や保護，家庭裁判所には少年の健全育成を期する役割があるとはいえ，いずれにおいても「罰」を背後効果とする，威嚇や強制を伴った少年との関係性が前提になっていることを明確に認識しておかなければならない。

　さらに，処遇においては，社会内処遇としての保護観察に少年が出頭するのは，少年院に送致されることの怖れがあり，少年院での矯正教育においては，彼らに対する刑事司法的な色彩がさらに鮮明になる。たとえば，少年院は逃走

　［注1］2005年5月に「刑事施設及び受刑者の処遇等に関する法律」が改正され，受刑者の資質や環境に応じた適切な処遇を行うことがより強調された。

防止のための柵がめぐらされ，少年たちは同じ服を着せられ集団行動が要求される。少年院は個別処遇を重視しているとはいえ，受刑者処遇をモデルとした集団処遇が基盤になっている（廣井，2009a）。

このように，少年司法システムにおける刑事司法的側面をあえて強調したのは，非行臨床とはこのような特異な構造で展開される臨床的関与だということを認識したうえで，非行少年に対するアプローチの方法を検討しなければ，「少年の更生のため」というレトリックで単なる懲罰に陥ってしまうおそれがあるからである。

こうした特異な少年司法システムの構造から，少年司法の一連のプロセスにおいてさまざまな問題と課題が派生する。①処遇選択の場としての家庭裁判所，②処遇機関である少年院，③少年の刑事裁判，の３点に焦点化して指摘する。

1. 処遇選択の場としての家庭裁判所

家庭裁判所においては，当該少年事件の非行事実と少年の要保護性が，処遇選択の主軸となる。具体的には，警察・検察が作成する「法律記録」と家裁調査官が作成する「少年調査記録（観護措置がとられた事件などでは鑑別結果通知書を含む）」から成る「少年保護事件記録」に基づき，少年審判によって処遇が選択される。非行事実は法的事案として法の枠組みによって評価され，要保護性はさらに累非行性，矯正可能性，保護相当性という下位項目にしたがって主に臨床的枠組みによって判断される。

佐野（1994）は，少年審判例を基にして，裁判官，家裁調査官，鑑別技官，それぞれの非行観，処遇観について次のことを明らかにしている。裁判官は，非行を「犯罪行為」という見立てのうえで，その有責性と可罰性を把握することに立脚し，家裁調査官は，少年の行為・行動を「実生活者（体）」としての分析から導きだそうとし，鑑別技官は，「人格・資質」の構造から導きだそうとしている，というそれぞれの観点である。

少年の処遇選択にあたっては，こうしたそれぞれの専門的知見を基にした少年の処遇をめぐる多角的視点が提供されなければならない。ところが，家裁調査官として少年事件実務に携わった筆者の経験からすれば，わが国の家庭裁判所では法的軸が主軸となり強調され，臨床的軸は従的または補充的に据え置か

れているのが現状である。そのため，前野（1997）が指摘するように，非行事実の軽重が，在宅処分か収容処分かの判断に結びつきやすく，少年院収容は犯罪行為に内包する有責性や可罰性に対する懲罰や隔離の意味合いが込められてしまう。

その結果，さまざまな非行に対応した臨床的枠組みに基づく非行治療のための処遇選択となり得ず，法的枠組みに従った処分のふるい分けに留まってしまう。しかも，臨床的主軸を担うべき家裁調査官でさえも心理臨床的知見から少年の更生のための臨床・福祉的な実践指標を示すのではなく，非行事実の軽重に従った少年のネガティブな側面の記述で終わってしまうのである。

2. 処遇機関としての少年院

処遇機関である少年院においては，図1で示した刑事司法的色彩がより鮮明になる。

少年院は，収容と懲戒の場という刑罰的拘禁の側面があった矯正院を前身としている。現行法は懲戒場として少年院を使用することをやめ，教育と訓練を施す収容保護の施設に改めた。ところが団藤ら（2001）は，「少年院は，収容のための収容ではなく，非行少年の教育を実現するための手段方法であるが，目的はそうであっても，実際においては，少年は司法に関する国権の作用としての強制力で社会から隔離され自由を奪われ拘禁されていることは否めない」と指摘している。さらに菊田（2003）は，こうしたところに少年院の性格のあいまいさ，少年院送致という保護処分の保護性のあいまいさがあり，わが国の少年院の致命的な障害になっている，と述べている。

特に，発達障害や知的障害のある非行少年の処遇においては，刑罰的素地を漂わせる少年院の矯正教育は，非行治療としての臨床的関与をなすための専門的機関として克服すべき多くの課題を抱えている。

3. 少年の刑事裁判

さらに少年の刑事裁判をみれば，少年司法システムの問題点はきわめて明瞭になる。

少年法1条に，「この法律は，少年の健全な育成を期し，非行のある少年に

対して性格の矯正及び環境の調整に関する保護処分を行うとともに，少年の刑事事件について特別の措置を講ずることを目的とする」（強調は筆者）と明記されているように，少年の健全育成という理念・目的は，少年の刑事手続にも及ぶ通則規定である。

同法50条で，少年の刑事事件についても心理学，医学，教育学等の人間関係諸科学を活用して調査することや，さらに同法55条で，刑事裁判の事実審理の結果によって，再度，事件を家庭裁判所に移送できることを定めている通りである。したがって，少年の刑事裁判でも保護主義の理念に基づき，50条による調査，55条による移送の可否を検討すべきであり，少年が検察官送致されたからといって，成人の刑事裁判と同じではないことに留意しなければならない。なお，この点に関する法的検討は第Ⅰ部第3章を参照されたい。

こうした点からすれば，少年の量刑判断においても少年法1条の理念に基づくことが要請され，刑事裁判という基本的に刑罰を決める場（枠組み）において，少年の健全育成を考えなければならないという困難性を抱えることになる。このことは，単に量刑の軽減や緩和に留まらず，刑事罰をどのように少年の更生に展開するのかという臨床的に困難な課題が問われることになる。果たして，少年事件を裁判員裁判で審理する場合，裁判員はどのように対処するのであろうか。

▶▶ 諸外国の状況──オーストラリアのDHSとカナダの問題解決型裁判所

ここまで述べたことが，わが国の少年司法システムにおける，司法と福祉・臨床の構造的な問題である。それではそれと対比させて諸外国における，司法と福祉・臨床についての関係はどのようになっているのであろうか。一つはカナダの裁判所とりわけオンタリオ州トロントの「問題解決型裁判所」（problem solving courts）での実践について，もう一つはオーストラリア・ビクトリア州のDHS（Department of Human Services）におけるジャスティス・クライエント（Justice Client）に対する実践を参照する。

1. オンタリオ州トロントの「問題解決型裁判所」（Omatsu, 2007）

カナダ・オンタリオ州トロントの問題解決型裁判所は，「治療的司法」

(therapeutic jurisprudence) の原理を活用している。

伝統的な刑事司法制度では，家庭内暴力や薬物中毒者，精神障害者の常習犯罪を抑制できず，刑事司法制度の網にかかっても簡単にその網目から抜け落ちてしまい，また同様の犯罪で刑事司法の網にかかる，という悪循環が続いてしまう。治療的司法とは，その悪循環を阻止することを目的として，司法に焦点をあてた「権利と義務」と臨床に焦点化された「ケア」を組み合わせて，裁判官，検察官，弁護人，治療プロバイダー，矯正スタッフなどの専門家によるチームアプローチを特徴とする。また，家庭内暴力の問題解決型裁判所の裁判官はDVに関する教育を受けている。

トロントでは，薬事治療裁判所，精神衛生裁判所，家庭内暴力裁判所，先住民裁判所の4種類の問題解決型裁判所がある。いずれも，治療的司法の原理に基づき，法と臨床の両面からアプローチを施す。それぞれの治療プログラムを修了した場合，被告人に刑を科さないというダイバージョンを採用している。

2. オーストラリア・ビクトリア州のDHSにおける実践

オーストラリア・ビクトリア州のDHSでは，知的障害のある犯罪者をジャスティス・クライエントと称して，司法と福祉・臨床が協働して彼らを援助するシステムを作り上げている（水藤，2008）。わが国の少年司法システムが，障害のある犯罪者，非行少年などに対して，司法の枠内での福祉・臨床的な関与に留まっていることときわめて対照的である。以下，水藤（2008）の論考と実地調査による検証結果[注2]を要約して示す。非行少年への対応については，第I部第2章を参照されたい。

オーストラリア・ビクトリア州におけるジャスティス・クライエントに対する司法と福祉・臨床の協働の特徴は，DHSに所属するケース・マネジャーの実践に端的に示されている。すなわち，ケース・マネジャーが，刑事司法システム，矯正保護システム，福祉システムなど諸機関のサービスを統合し，ジャスティス・クライエントに対する継続的なサポートを実施している。つまり，

[注2] 2007年度科研費研究「非行臨床における精神障害に関わるリスク・アセスメントと処遇に関する実証的研究」（研究代表者・生島浩，研究分担者・廣井亮一，岡本吉生）による。

司法と福祉・臨床が協働するためのコーディネーション機能を果たしているということである。

具体的には，ジャスティス・クライエントの逮捕，公判段階におけるサポート，判決前調査の実施や，それらに関わる各種の連絡と調整などが挙げられる。

逮捕，公判段階においては，容疑者に知的障害が疑われる場合，裁判所が職権でDHSの介入を命じて，ケース・マネジャーが関与する。すでにケース・マネジャーが配置されているジャスティス・クライエントが再犯で検挙された場合は，取り調べに独立第三者（Independent Third Person）の出席を要請する。

判決前調査の実施としては，ケース・マネジャーがクライエント・オーバービュー・レポート（Client Overview Report）という，クライエントの生育歴，家族歴，障害の程度などに関する報告書を裁判所に提出し，裁判所がクライエントの障害像を含めた本人の特性を理解するための参考資料としている。

再犯防止のための対応計画の立案と実施としては，クライエント・オーバービュー・レポートを基にしてジャスティス・プラン（Justice Plan）という再犯防止のための個別具体的な対応計画書を作成し，かつ個別具体的に各種サービスを実施するものである。たとえば，犯罪者の対応を専門にする臨床心理士の関与，犯罪者の認知行動療法を実施しているグループホームの利用などを計画していく。

さらに，このようなプロセスを経て作成されたジャスティス・プランの内容を，裁判官が判決で遵守事項として採用して社会内処遇が決定された場合，ケース・マネジャーは担当保護観察官とも連携していくことになる。なお，2007年にオーストラリア・ビクトリア州では，知的障害のある犯罪者に対する拘束および隔離を伴う介入について，その対象者への生活の質と福祉を十分にモニタリングすることを定めている。

›› わが国におけるジャスティス・クライエントの実状

ここまで述べた諸外国における，司法と福祉・臨床についての協働体制とわが国の実情を考察するにあたって，わが国におけるジャスティス・クライエントを次のように再定義する。すなわち，わが国におけるジャスティス・クライ

エントとは，一義的には，非行，虐待，DV，ハラスメント，ストーカー，など法的問題行為による加害者で，更生のために特に，法と臨床・福祉の両面からの援助を必要とする者をいう。具体的には，非行少年（特に，精神・発達障害のある少年や触法少年），精神・知的障害のある犯罪者，および虐待，DV，ハラスメントなどの加害者を対象とする。なお，犯罪被害者ももちろん法と臨床の両面からの支援を必要とする対象者であるが，ここでは加害者臨床を前提とするのでジャスティス・クライエントの定義とは別にする。

以上を前提として，わが国におけるジャスティス・クライエントの現状について，①法化社会，②司法枠内での対応，③法的関与の先行主体，から考察する。

1. 法化社会

暴力，虐待，DV，ハラスメント，ストーカーなどの加害行為を司法の網に取り込むことによって，加害行為は犯罪や非行として立ち上がり，その行為者は加害者臨床の対象すなわちジャスティス・クライエントになる。

ジャスティス・クライエントに対するわが国の昨今の状況をみると，2000年に成立した改正少年法では，非行事実認定の適正化，被害者への配慮と共に，刑事処分適用の拡大・強化を柱とした。さらに，施行後の見直しを経て，07年に少年院送致の年齢の下限を「14歳以上」から「おおむね12歳」に引き下げるなどの改正法案を成立させている。

改正少年法と同じく2000年に成立した児童虐待防止法の一部改正として，2008年に児童の安全確認等のための立入調査等の強化，保護者に対する施設入所等の措置のとられた児童との面会または通信等の制限の強化，児童虐待を行った保護者が指導に従わない場合の措置の明確化等を明示した。

2001年に施行されたDV防止法（「配偶者からの暴力の防止及び被害者保護に関する法律」）では，加害者の被害者への接近禁止，住居退去などの保護命令を定め，2004年に被害者の子や元配偶者も保護の対象者に拡大した。さらに2008年の一部改正で，保護命令制度の拡充，市町村に対する基本計画策定の努力義務を定めた。ストーカーに対しても2000年に「ストーカー行為等の規制等に関する法律」が制定されている。また，いじめ問題も犯罪としての立

件が強化されようとしている[注3]。

わが国のこのような動向は、総じて加害行為と加害者に対する司法への取り込みの強化と拡大（ネット・ワイディング）としてみることができる（廣井，2008）。

2. 司法枠内での臨床的関与——わが国の家庭裁判所を例示として

家庭裁判所は，行政機関であった少年審判所と地方裁判所の支部であった家事審判所を併合して1949年に創設された。"家庭"裁判所の名の通り，家族の紛争解決や家族関係と密接に関連した少年非行を扱うという，家族に関するさまざまな問題を解決するために生まれた裁判所である。その目的のために，心理学，社会学，教育学，社会福祉学など人間関係諸科学に精通した家裁調査官による臨床・福祉的関与を制度的に付与した。司法機関である家庭裁判所に，法による規範的解決に加えて，実体的解決を期待したからである（廣井，2004）。

ただし，非行少年の更生の援助や家族の紛争を解決するといっても，家庭裁判所は司法機関として，少年事件においては少年法に基づいて非行少年の処分を決定し，家事事件においては家事審判法に基づいて事案を審理判断して，それぞれ最終的な司法判断を下すことが基本的な役割である。事件の調査・審判という司法プロセスに沿いながら，家裁調査官による臨床・福祉的関与をするということがわが国の家庭裁判所のもっとも大きな構造的特徴といえよう。

たとえば，少年事件では少年法25条に定められた，家裁調査官による「試験観察」にその特徴が端的に反映されている。試験観察とは，終局処分（最終的処分）を留保して，相当の期間，家裁調査官が少年に関与しながら調査をすすめるという中間決定である。事件の処分決定のための調査を実施しながら，少年の更生のために臨床・福祉的アプローチをするのである。

このことが，わが国の家庭裁判所が，「司法的機能」と「臨床的機能」の二つの機能を有するといわれるゆえんである。理念としては，この二つの機能を別々に作用させるのではなく，司法と臨床を車の両輪のように機能させて，少年や家族の問題を解決に導くものである。ところが，家庭裁判所の歴史経緯を振り返る

［注3］2007年7月に自殺した神戸市の高校3年生への恐喝未遂事件で，いじめなどで関与した疑いで新たに少年2人が逮捕された。県警はいじめが犯罪に当たるかどうかを検討し，当たる部分については厳格に法を適用する方針を示した。

と，司法とかけ離れた臨床的関与に終始したり，その後現在に至るまで，司法裁判所としての枠組みが強調され，臨床的機能の低下が著しいように思われる。

3. 法的関与の先行主体

2002 年の大阪教育大附属池田小学校児童・教師殺傷事件を契機として，2003 年に心身喪失者等医療観察法が制度化され，触法精神障害者の適切な医療措置と社会復帰について，裁判官と医師による合議体が法的判断と医療判断を行うことになった。しかし結果的には，法が先行主体となって慎重過ぎるほどの社会防衛の側面が強調されることになった（輔老，2003）。

心身喪失者等医療観察法の目的は，重大な他害行為を行った触法精神障害者に対する適切な医療措置と社会復帰を促進するための司法の関与である。触法精神障害者を社会から隔離し，閉鎖的・排他的措置をとってきたわが国の精神疾患者対応に対して，ノーマライゼーションの理念のもとに多くのハンディキャップを背負った彼らの社会復帰を積極的に推進し，地域に開かれた精神科病棟の開放化を推し進めるためのものである。

そうした目的で司法システムに導入された医療観察法であるにもかかわらず，触法精神障害者を退院させる場合，いくつもの法手続とクリアすべき条件をパスしなければならず，ノーマライゼーションの確保どころか，司法の介入によって「社会復帰を積極的に推進する」という当初の目的と逆の結果を招いているのである。すなわち同法の制定によって，医療機関に司法の関与のシステムが導入された結果，司法の慎重過ぎる社会防衛的安全策（司法的管理の強化）のあまり，触法精神障害者の社会復帰についてはむしろ制限，あるいは軽視された結果を導いてしまっているともいえる。

▶▶ ジャスティス・クライエントへの対応の展望と課題
――「司法臨床」によるアプローチ

1.「司法臨床」の概念

以上のようにわが国の現状をみると，加害行為者をジャスティス・クライエントとして，法と臨床の協働の枠組みでとらえる観点が未だ熟成されていない

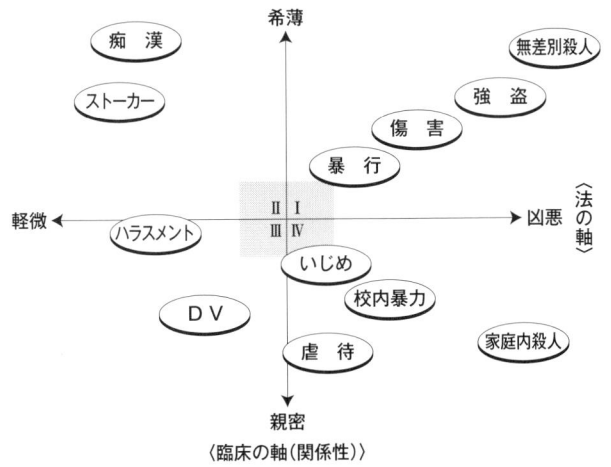

図2 「司法臨床」によるジャスティス・クライエントの類型（廣井，2009b）

ことは明らかである。非行，虐待，DV，ハラスメント，ストーカー，などの加害行為者に関する研究は各領域で既になされているが，それぞれの加害行為者をジャスティス・クライエントとして法と臨床の枠組みで包括して捉えた，共通特性や解決の要点などが明示されていない。

たとえば，法的軸と臨床的軸の二つの軸を交差させ，いくつかの加害行為を位置づけてみると，図2のように示されるであろう（便宜的に，法の軸を事案の重大性，臨床の軸を加害者と被害者の関係性の程度とした）。すると，第Ⅰ事象からⅣ事象まで少なくとも四つの領域において個々の加害行為と加害者についての共通した特性を把握し，その類型に応じた，ジャスティス・クライエントへの法と臨床の両軸によるアプローチがなされなければならない。

筆者は家裁調査官として関わった非行臨床，家族臨床の臨床実践例の検証をもとに，司法的機能と臨床的機能の交差領域に浮かび上がる問題解決機能によって，少年非行や家族の紛争にアプローチすることを「司法臨床」と定義し（廣井，2004），両者を統合した高次のユニットとして司法臨床の方法論を構築した（廣井，2007）。

図示すれば，司法臨床とは図3のように，法と臨床の交差領域に生成する問題解決機能によって，ジャスティス・クライエントにアプローチすることであ

第Ⅰ部
ジャスティス・クライエントへの
心理・福祉的アプローチ

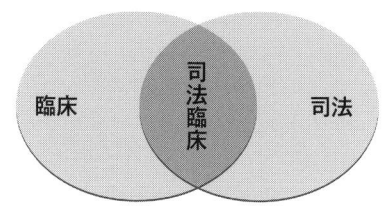

図3 「司法臨床」の概念1

る。その具体的な実践としては，狭義には，わが国の家庭裁判所における少年事件や家事事件の家庭裁判所の調査，審判過程において展開される家裁調査官の臨床的関与である。それに対して，広義の司法臨床とは，地方裁判所，家庭裁判所に関連する，保護観察所，少年院，児童相談所，学校，病院，など多領域の機関との協働によって実現する，法と臨床の協働をいう（廣井，2007）。

ところが，法と臨床の協働の実現においてもっとも困難なことは，法的枠組みと臨床的枠組みが基本的に相対したり矛盾したりする関係にあるということである（廣井，2006, 2007）。さらに，法的枠組みは，他の思考モデルを原理的に排除ないし，制約することによって独自の議論領域を形成してきた（田中，1989）。こうしたことからすれば，問題解決のプロセスに両者の機能をそのまま導入したとしても，両者は乖離してしまい，有機的に結び付いた高次の機能，すなわち「司法臨床」の機能として作用することは期待できない。

すると，法と臨床の協働においては，異なるレベル間の重ね合わせの方法論を採用しなければならない。その一つがコラボレーション（collaboration）による援助システムの確立である。

2.「司法臨床」実現のためのコラボレーション

亀口（2002）は，コラボレーションについて「所与のシステムの内外において異なる立場に立つ者同士が，共通の目標に向って，限られた期間内に互いの人的・物的資源を活用して，直面する問題の解決に寄与する対話と活動を展開すること」と定義し，コラボレーションを成功させるためには，「関係者が大なり小なり自己変革する覚悟が必要である」と述べている。ここで示されている，「異なる立場に立つ者同士」「共通の目標に向かう」「自己変革する覚悟」

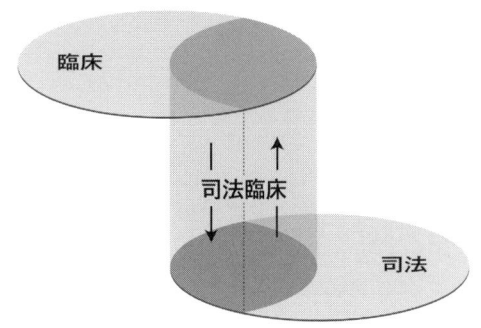

図 4 「司法臨床」の概念 2（廣井, 2007）

が司法臨床実現のためのキーワードである。前述のカナダの問題解決型裁判所は，裁判官が臨床の専門的知識を得て，薬物，精神障害，家庭内暴力に対処するための特化された裁判所になっているように，司法それ自体が臨床的性格を帯びているのである。

さらに，渋沢（2002）は，「コラボレーションのプロセスにおいて異なる枠組みの対立は往々にしてあり，その対立を解決するプロセスがコラボレーションの一部でもある」という重要な点を述べている。すなわち，司法臨床におけるコラボレーションの要点は，単に，情報を交換し合ったりお互いの役割を分業したり，共通点や妥協点を見出すことだけではない。むしろ，それぞれの専門職や機関が基盤とする価値，方法論の違いを認めて尊重し合いながら，異なる枠組み同士のダイナミックな相互作用が展開されることにある。司法臨床の概念に置き換えて図示すれば図4のようになり，異なるレベルにある法と臨床の枠組みを，二重写しするように重ね合わせて生成する領域が司法臨床の枠組みなのである。

この司法臨床による枠組みで捉えると，事象や問題がリフレイミング（reframing：再枠づけ）され，ジャスティス・クライエントの問題解決のための新たな方法が付与されるのである。少年司法で言い換えれば，既述した刑事司法を基盤とした少年司法システムの構造的問題，およびそこから派生する社会的脈絡が現代の非行少年の質的変化に伴う問題解決を困難にしているとすれば，司法臨床によるアプローチはそれを克服するための端緒となるものである。

最後に，新たな少年司法システムを冒頭の図1と対比させてシンプルにデザ

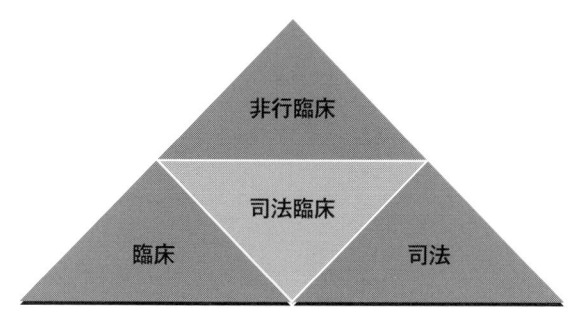

図5　新たな少年司法システムと非行臨床

インすれば，図5のようになり，司法と臨床の対等性を基にした司法臨床，さらにそれを土台として成り立つ非行臨床の確立が必要であることが明示される．

文　献

団藤重光・森田宗一：新版少年法．有斐閣，2001．
廣井亮一：司法臨床入門．日本評論社，2004．
廣井亮一：司法臨床の方法．金剛出版，2007．
廣井亮一：加害者臨床の問題と課題．（廣井亮一編）加害者臨床．現代のエスプリ 491, pp.39-47，至文堂，2008．
廣井亮一：非行治療に向けてのシステムズ・アプローチ．精神療法，34 (2)；164-170, 2009a．
廣井亮一：暴力の連鎖を断つための加害者臨床．心理臨床の広場，1 (2)；15, 2009b．
亀口憲治：コラボレーション：協働する臨床の知を求めて．現代のエスプリ，419, pp.5-19，至文堂，2002．
菊田幸一：少年法概説．有斐閣，2003．
前野育三：少年司法における事実認定．（荒木伸治編著）非行事実の認定．弘文堂，1997．
水藤昌彦：オーストラリア・ビクトリア州における知的障害のある犯罪加害者へのケース・マネージメント実践．国際社会福祉情報，32；55-64, 2008．
佐野健吾：少年審判例研究の方法．（加藤幸雄，野田正人，赤羽忠之編著）司法福祉の焦点．ミネルヴァ書房，1994．
Omatsu, M.（指宿信・吉井匡訳）：トロントにおける問題解決型裁判所の概要：「治療的司法」概念に基づく取り組み．立命館法学，314；199-212, 2007．
渋沢田鶴子：対人援助における協働．精神療法，28 (3)；10-17, 2002．
輔老英淳：心身喪失者等医療観察法の諸問題．法政論叢，44 (1)；133-143, 2003．
田中成明：法的思考とはどのようなものか．有斐閣，1989．

第Ⅰ部　ジャスティス・クライエントへの心理・福祉的アプローチ

第2章

知的障害のある非行少年への
司法と福祉の協働した対応
(ジャスティス・クライエント)
―― オーストラリア・ビクトリア州の処遇実践の適用可能性

水藤昌彦 *Masahiko Mizuto*
[山口県立大学社会福祉学部]

≫ はじめに

　本章では，筆者が福祉専門職として勤務していたオーストラリア・ビクトリア州における知的障害のある非行少年への処遇について紹介する。ビクトリア州の制度の最大の特徴は，司法と福祉の両分野の専門職が協働して知的障害のある非行少年に対応しており，それが制度として正式に整備されている点である。オーストラリアは六つの州と二つの準州から成る連邦国家であり，日本の約23倍の国土に2,100万人余りが住んでいる。連邦政府と各州・準州（以下，州という）政府は分野によって行政権を分担しており，各種の制度やサービスの実態は州によって異なっている。日本の都道府県に比較すると州政府の行政権限は大きく，独自の課税権，立法権，警察権，裁判権などをもっている。本章で取り扱う知的障害および少年司法の分野についても，州のレベルで法律が整備されており，制度の設計や運用がされている。ここに紹介する内容はビクトリア州の制度と実践の現状であることをあらかじめお断りしておく。

　本章の構成は以下のとおりである。まず本章のテーマへの理解の一助とする目的で，背景となる少年司法制度および知的障害福祉制度をそれぞれ概観する。次に少年司法と知的障害福祉の両分野の専門職の連携による処遇がどのように進められているのかを述べる。その上でビクトリア州の処遇を特徴づけている点について検討し，日本における知的障害のある非行少年への対応の今後の実

践に，参考とすべき点が何であるのかを考察することを試みる。

なお，本章の表題にある「ジャスティス・クライエント」という言葉について簡単に説明する。日本においては耳慣れない言葉であるが，ビクトリア州の障害福祉分野で働く実務家のあいだでは，知的障害があり刑事司法制度の対象となっている人，あるいはそのリスクのきわめて高い人を指してジャスティス・クライエントと呼んでいる。刑事司法制度は英語で Criminal Justice System であり，福祉サービスの利用者は一般にクライエントと呼ばれているので，ジャスティス・システムの対象となった，あるいはそのリスクがきわめて高いクライエントという意味でジャスティス・クライエントという用語が成立したのだと考えられる。この言葉は法的に定義されているわけではないが，障害福祉サービスの実務においては成人，少年のいずれに対しても多用されている。犯罪者，非行少年を指す言葉としては一般的に offender という語が用いられることが多く，知的障害をもつ犯罪者は offenders with an intellectual disability と呼ぶのが一般的である。この表現に比べると，ジャスティス・クライエントという用語は，福祉による支援を必要としながら，司法による処遇の対象となっている二重のニーズをもつという状況を簡潔に表し，また offender よりも負の価値判断的な語感を排しているので，実務家にとっては使用しやすいのだと思われる。本章においても，知的障害のある非行少年をジャスティス・クライエントと表記している。

≫ 少年司法制度の概要

少年司法制度の根拠となる州法は「子ども，少年および家族法」（Children, Youth and Families Act 2005）である。この法律によって被虐待児の保護と少年犯罪への対応が規定されている。ビクトリア州では，罪を犯したと疑われる行為時の年齢で 10 歳以上 18 歳未満の者が少年として扱われ，18 歳以上が成人の刑事司法手続の対象となる。

少年司法手続の流れを一覧として示したのが図 1 である。この図の流れに沿って，手続の各段階をみていくことにする。まず，警察による検挙段階である。検挙された少年は取り調べを受け，捜査の結果によって起訴されるかどうかが決定される。一部重大犯罪を除いて，公訴の提起は専門の訓練を受けた警察官

第2章
知的障害のある非行少年への司法と福祉の協働した対応
―― オーストラリア・ビクトリア州の処遇実践の適用可能性

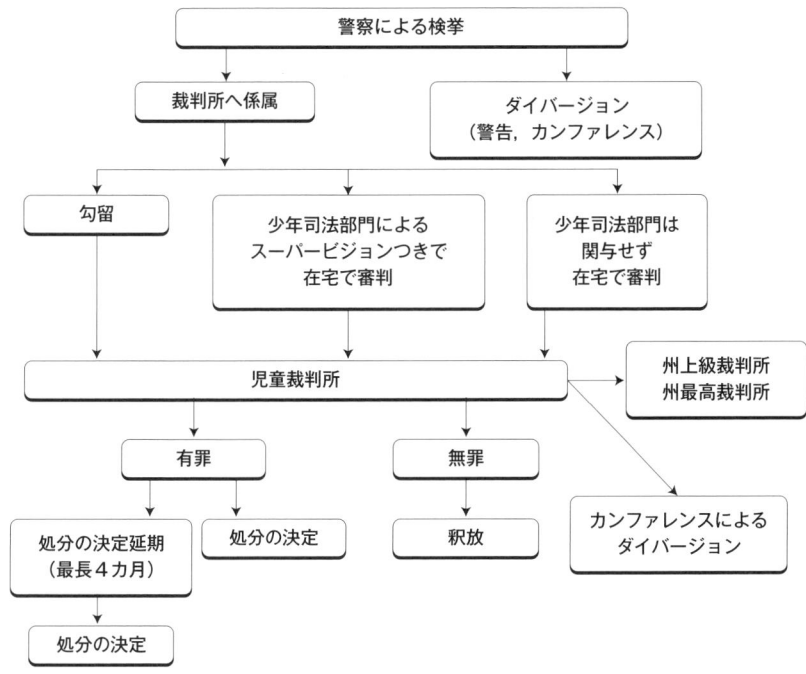

図1　ビクトリア州の少年司法手続きの流れ

出典：Australian Institute of Health and Welfare, 2009, Juvenile Justice in Australia 2007-08, p.9の図をもとに，ビクトリア州の手続きの場合に限って筆者が再編（（水藤，2010, p.219）より転載）

が行う。ビクトリア州では司法手続から非行少年をダイバージョンすることが重視されており，これは少年司法政策における主要目標の一つであるとされている（Keating and Barrow, 2006）。このため，警察官による非公式，公式な警告，グループ・カンファレンスなどが用いられており，こうしたダイバージョンの対象となった事件はここで終局する。

　裁判所に係属した事件については，少年の身柄を勾留するかあるいは在宅のまま審判をするかのいずれかが選択される。少年事件は専門法廷である児童裁判所（Children's Court）で審判され，少年の発達ニーズを理解した裁判官が事件を担当している。ただし，殺人（謀殺），殺人未遂，故殺，放火殺人，危険運転致死の罪で起訴された場合には，罪種に応じて州上級裁判所（County Court）あるいは州最高裁判所（Supreme Court）における陪審裁判を受けるこ

29

とになる。児童裁判所には心理，精神医学のアセスメントを行うクリニックが併設されている。少年事件の審判が行われる法廷は壇上に裁判官が着席し，検察官役を務める警察官と弁護人が左右に分かれて着席する。これは成人と同形式であり，裁判官が適当と認める一部事件を除いては審判は一般に公開されている。審判には弁護人が立ち会うこととされており，法律扶助制度が整備されている。また，裁判段階においてもカンファレンスによる司法手続からのダイバージョンが図られている。

　審判の結果が有罪となった場合の少年への処分は社会内処遇が中心である。ビクトリア州では非行少年の社会内処遇を推進しており，有罪判決を受けた少年のうち矯正施設で処遇される者の割合が6％とオーストラリア全体でみると最低水準にある（Australian Bureau of Statistics, 2009）。矯正施設への収容を最終手段と規定しているため，多くの種類の社会内処遇命令が規定されており，良好な素行の誓約から保護観察処分まで全部で11種類の処分がある。保護観察業務を担当するのは，社会福祉行政などを管轄するビクトリア州政府ヒューマン・サービス省（Department of Human Services，以下，DHSという[注1]）の一部局である「子ども・青少年・家族局」（Children, Youth and Families Division）内の「少年司法部門」（Youth Justice Program）である。少年司法部門は保護観察業務をはじめとして，裁判所に対しての保釈・量刑選択に関する意見具申，在宅審判の対象となったり，仮釈放されたりした少年へのスーパービジョン，少年矯正施設の運営といった業務を行っている（Department of Human Services, 2009b）。機能としては日本の家裁調査官の役割に近く，その所属部門が矯正施設の運営も行っているというイメージである。大きな違いは，少年司法部門を管轄しているのが法務省ではなく，福祉行政を担っているDHSであるという点であろう。本章の冒頭でビクトリア州では非行少年への司法と福祉の協働した対応がなされていると述べたが，ここで言う司法とは当然少年司法部門を含んでいる。つまり，非行少年に関わる司法専門職のうち，判決前調査や審判後の処遇に関わる専門職は福祉制度に属していると言える。こうしたDHSの少

　[注1] DHSの組織と業務内容の詳細については同省のウェブサイトを参照のこと。URLは http://www.dhs.vic.gov.au/home.

年福祉部門の果たす役割は，障害のない非行少年の場合も同じである。

▶▶ 知的障害者福祉制度の概要

　DHSの少年司法部門が司法の側からのジャスティス・クライエントへの処遇の中心的な役割を果たしているのに対して，福祉の側からの処遇を行うのが同じDHSの「障害サービス局」（Disability Services Division）内の「障害クライエント・サービス部門」（Disability Client Services）である。DHSは障害福祉と少年司法以外にも，医療，被虐待児童の保護，高齢者福祉，公営住宅管理などの分野を担当しており，日本の厚生労働省に近い機能を果たしている。州内を人口規模に応じて八つの福祉圏域に分け，少年福祉部門，障害クライエント・サービス部門ともに各圏域に設けたオフィスを拠点として活動している。

　ビクトリア州における知的障害福祉制度は「障害法」（Disability Act 2006）によって規定されているが，その内容は広範囲にわたっているため，ここでは少年に関連する分野を網羅的かつ簡単に記述し，続いてジャスティス・クライエントへの処遇に不可欠であるケース・マネージメントの概略を紹介する。

　障害福祉サービスを受けるためには，障害法に定義される知的障害があるという認定を受けることが前提となる。認定業務はDHSが行っているが，日本のように知的障害の程度の区分あるいは定期的な認定見直しは存在しない。また，サービス受給にあたっての障害程度区分の認定も行われない。大規模入所施設は存在しておらず，知的障害のある少年は家族と同居していることが多い。何らかの理由で家族あるいは近親者との同居ができないときには，年長者であれば地域の中に設けられたグループ・ホームの利用が可能である。また，年少者については，児童養護制度の対象となって社会内で養育されることもある。学校教育としては，日本の特別支援学校にあたるスペシャル・スクール，あるいは特別支援を受けながら校区の学校に通うのが一般的である。ただし，ジャスティス・クライエントとなる少年は早期に学校から離れているケースも珍しくなく，障害福祉サービスの日中活動系事業への参加を望まない者も多いので，結果的にかなり多くの少年が無職となっている。障害者のための就労支援事業が整備されており，各種の職業訓練が専門学校と提携して提供されている。所

得保障として障害基礎年金が設けられており，16歳から受給できる。ただし，21歳以上から年金の満額が支給される仕組みで，少年への支給額はその半分以下となるので，何らかの理由で家族と同居ができず，自力で住居を確保しなければならない少年は貧困の問題に直面することが多い。

ジャスティス・クライエントへの処遇にあたって，受け入れ時のアセスメント，処遇計画の決定，実施，モニタリングを行っているのは，DHSの各福祉圏域に置かれている障害クライエント・サービス部門に所属してケース・マネージメント業務を行うケース・マネージャーである。ケース・マネージメントは「多様なニーズをもった人々が，自分の機能を最大限に発揮して健康に過ごすことを目的として，フォーマルおよびインフォーマルな支援と活動のネットワークを組織し，調整し，維持することを計画する人（もしくはチーム）の活動」と定義される（Moxley, 1989=1994, p.12）。ジャスティス・クライエント以外に対してもケース・マネージメントは提供されており，民間の社会福祉法人や企業へもDHSから業務委託されているが，ジャスティス・クライエントに関わるケース・マネージメント業務はDHSに所属する職員が専門に担当している。これは「子ども，少年および家族法」と「障害法」によって，ジャスティス・クライエント処遇がDHSに義務づけられているためである。

ケース・マネージメントがジャスティス・クライエント処遇のコーディネーションを担うようになったのは，大規模入所施設からの地域移行による脱施設化がきっかけであった。オーストラリアでは，知的障害のある人は児童期あるいはそれ以前から入所施設でケアされるという施設収容政策が長く続いていた。ビクトリア州でも州政府が数百人規模の大規模施設を医療モデルに基づいて直営し，生活および日中活動のすべてが施設内で完結していた。施設収容型のケアが終わり，施設で生活していた人々が地域に設けられた小規模のグループ・ホーム形式の住居に移行したのは1980年代に入ってからである（Cummins & Dunt, 1988）。脱施設化を進めるにあたって，施設外での生活に必要なフォーマルおよびインフォーマルな支援を組織，調整，維持することを目的としたケース・マネージメントが新たに設けられた。

また，脱施設化に伴って，知的障害がある犯罪加害者の問題が顕在化した。それまで入所施設の中では行動障害というレッテルを貼られてきた，暴行，窃

盗，不適切な性的行為といった行動が地域社会の中では犯罪として扱われるようになり，知的障害者が刑事司法制度の対象となったためである。そこで，彼らをジャスティス・クライエントと名づけ，このグループに対応するための制度やサービスが徐々に整備されていった。知的障害者の地域生活を支援するためのコーディネーション機能をケース・マネージメントが担っていたため，ジャスティス・クライエントへの対応についても同様の役割を果たすことになったというのが歴史的な経緯である。

ジャスティス・クライエントの処遇

　DHSの少年司法部門と障害クライエント・サービス部門が実際にどのように連携して処遇を行っているのか，ここでは少年事件の処理の流れに沿って解説する。先述したように少年審判においては有罪事件の94％までが社会内処遇の処分を受けるので，まず社会内処遇について述べ，最後に矯正施設内における処遇について補足する。

1. 司法と福祉による連携の開始点

　児童裁判所へ事件が係属することによって，裁判所が適当と認めるケースについては少年司法部門のワーカーが配属される。少年の身柄を勾留する場合には，DHSの運営する少年専門の矯正施設に収容する。在宅で審判を受けることになり，裁判所が必要と判断した少年は，少年司法部門によるスーパービジョンを受ける。障害クライエント・サービス部門が関わる状況としては，①裁判において有罪が決まって量刑を判断する前段階での裁判所からの通告，②事件発生時点ですでに障害クライエント・サービス部門から何らかの支援を受けている，③少年司法部門の担当ワーカーからの通告という3パターンが主に想定される。このうち司法手続の一環として障害福祉サービスが支援を開始するのは①である。②についても司法手続における障害福祉サービスの役割は同じであるが，支援の開始のきっかけとしては必ずしも非行によるものとは限らない。一般の障害福祉サービスの一つとして，ケースマネージメントからの支援を受けていた少年が非行に至ったという形となる。③は司法手続の枠外で，少

年司法部門のワーカーに支援を受けながら、自らの意思で障害福祉サービスを利用するものである。

2. 判決前調査とサービス計画書

児童裁判所における審判の結果、有罪であると裁判官が判断し、社会内における処遇が適当だと考えられる場合には、裁判官は少年司法部門に対して社会内処遇の処分に付することが適正かどうかについて判決前調査を行い、報告書を提出するよう命令することができる。原則として判決前調査を実施するかどうかの決定は裁判所の裁量に任されているが、知的障害のある少年の審判については実施することが義務づけられている。そして、少年に知的障害がある場合には、裁判所は同時に障害クライエント・サービス部門に対して「サービス計画書」(Plan of Services)の作成を命じる。サービス計画書には、少年に対して適切であり、なおかつ再犯可能性を低めると考えられる、障害法によって規定されたサービスが記載される。いわば、更生支援のための計画書である。サービス計画書はケース・マネージャーが調査の上で作成する。この際、対象となる少年の障害、障害による特性や影響、これまでのサービス利用状況などの背景となる情報を裁判所に報告するために「クライエント状況報告書」(Client Overview Report)も作られ、サービス計画書に添付される。なお、知的障害があることが疑われる少年については、まずDHSによって障害判定が行われ、知的障害があると判断された少年に対してのみサービス計画書が作成される。

このように司法の側からは判決前調査書、福祉の側からはサービス計画書とクライエント状況報告書が児童裁判所に提出され、裁判所が必要であると判断すればこれらの文書の作成者やその上司に対して証人尋問を行う。そして、裁判官はこれらの資料や証言の内容を総合して処分を決定する。サービス計画書の内容が妥当であると判断されると、社会内処遇命令の遵守事項として計画書に示されたサービスを利用するよう少年に命令が出させる。これにより、社会内処遇命令のスーパービジョンは少年司法部門が行い、福祉的な側面からの処遇は障害クライエント・サービス部門に所属するケース・マネージャーがサポートするという形での司法と福祉の連携が法的対応として正式化される。支援計画の実施にあたって、必要な各関係機関、本人、家族との連絡調整はケース・

マネージャーが行う。もし，計画を実施することに少年本人が協力しないような事態になれば，ケース・マネージャーは少年司法部門の担当者に連絡し，対応を協議することになる。具体的には少年に対する公式，非公式な警告がなされるか，状況がより深刻であると判断されるときには少年司法部門から児童裁判所にサービス計画を含めた処遇全体の見直しを申し立てることもある。

3. 福祉サービスの内容

サービス計画書に提示される福祉サービスの種類は，少年の状況，障害程度，犯罪の種類，犯行の態様などの各要素を加味して決定される。ケース・マネージャーは少年司法部門の担当者と協力しながら情報収集を行い，適切なサービスの選択に努めている。少年の犯罪傾向がとくに進んでいると考えられる場合は，ケース・マネージャーを通じて，知的障害のある犯罪加害者への対応を専門としている臨床心理士によるさらに詳しいアセスメントを求めることも可能である。

ジャスティス・クライエントの処遇に用いられる福祉サービスの種類とその具体的な内容は多岐にわたっており，紙幅の関係上すべてをここで紹介することはできない。そこで代表的なものを図2に掲げ，ここではそれらについて簡単に解説する。サービスの種類を決定する際には，対象となる少年の犯罪傾向の進度を考慮するが，図2では犯罪傾向の進度に応じてサービスを一次レベル

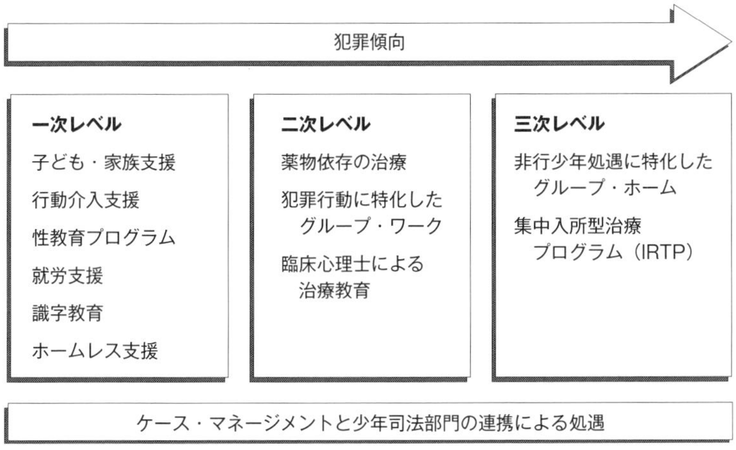

犯罪傾向 →

一次レベル	二次レベル	三次レベル
子ども・家族支援	薬物依存の治療	非行少年処遇に特化したグループ・ホーム
行動介入支援	犯罪行動に特化したグループ・ワーク	集中入所型治療プログラム（IRTP）
性教育プログラム	臨床心理士による治療教育	
就労支援		
識字教育		
ホームレス支援		

ケース・マネージメントと少年司法部門の連携による処遇

図2　ジャスティス・クライアントへの福祉サービスの例

から三次レベルまでに分類して示している。

　一次レベルのサービスはジャスティス・クライエントに特化しているものではなく，少年個人およびその家族への支援を通じて，犯罪行為に至るプレッシャーを高めていると思われる要因を軽減することを目的としている。一次レベルのサービスのうち，「子ども・家族支援」と「行動介入支援」はDHSの障害クライエント・サービス部門内の専門チームが直接提供している。前者はケース・マネージメントと家族療法を組み合わせて少年および家族の関係性に焦点をあてて支援することで，家族によるインフォーマルなサポート力の向上を目指している。後者は応用行動分析にもとづいた問題行動への介入を行っている。

　二次レベルのサービスは少年が犯罪行為に至る要因に直接的に働きかけるものである。薬物依存の治療は医療システム内で行われ，通院による投薬やカウンセリング，短期から長期にわたる入院治療などの選択肢がある。犯罪行為に特化したグループ・ワークは，やはりDHSの障害サービス局に属する「障害司法アセスメント・治療サービス」（Disability Forensic Assessment and Treatment Service, 以下，DFATSという）[注2]が提供している。DFATSは知的障害のある犯罪者および非行少年への介入を専門とする福祉圏域からは独立した機関であり，グループ・ワークのほかにも，後述する入所型治療プログラム，矯正施設に収容されている成人および少年への支援，精神科医によるクリニック，障害福祉サービス事業者へのコンサルテーションなどの事業を行っている（Department of Human Services, 2009a）。DFATSでは認知行動療法に基づいた介入を行っており，怒りの感情コントロール，感情の自己覚知，違法的な問題解決方法，高リスクな状況からの回避，適切な性行動といったテーマについてのグループ・ワークを提供している。矯正施設に収容されている少年を対象としてもDFATSが同様のグループ・ワークを実施している。臨床心理士による介入としては，知的障害のある犯罪加害者への対応を専門とした臨床心理士が認知行動療法を用いた治療的介入を個別に行っている。これは既成のプログラムを一律に使うということではなく，少年一人ひとりの状況やニーズに合わせた

　　［注2］DFATSの前身は1993年に設立されたStatewide Forensic Serviceである。2009年1月に改編，改称された。

個別対応であり，その費用は DHS が負担している。

　三次レベルのサービスは入所型であり，安定的な生活環境を設定し，一貫した支援の枠組みの中での対応を必要とする。もっとも犯罪傾向の進んだ少年を対象としている。このうち，非行少年の処遇に特化したグループ・ホームはDHS の委託により民間社会福祉法人が運営している。ホームの環境設定自体は，他の知的障害者のためのグループ・ホームと同様であり，入居者はホームや自らの居室に自由に出入りができる非拘禁型の施設である。そこには福祉専門職が配置されており，矯正施設のような強制力を伴う措置はとられない。ただし，入居者は犯罪傾向の進んだ少年に限られていて，職員は障害福祉に加えて，非行臨床に関する専門的なトレーニングを受けている。集中入所型治療プログラム（Intensive Residential Treatment Program, 以下，IRTP という）は DFATSが運営しており，知的障害のある犯罪者および非行少年のなかでも，殺人，強姦，放火といった重大な対人加害行為となる罪を犯した者のみを対象としている。IRTP では四つのステージに分かれた累進処遇制度をとっており，ステージによっては拘禁施設も含まれている。そのため，入所にあたっては通常の福祉サービスの利用手続ではなく，法的手続を経た強制処分が必要とされる。厳格化された入所手続からも判るように，IRTP は福祉サービス内のジャスティス・クライエントへの処遇のオプションとしては拘束の度合がもっとも高く，ごく少数のリスクの高い犯罪加害者のための施設として運用されている。先述したように，ビクトリア州では非行少年の社会内処遇を推進しており，また IRTPは少年専用施設ではないため，ここへの収容は最終的な手段とされている。

　これら一次サービスから三次サービスのいずれにおいても，少年司法部門と連携したケース・マネージメントによって，本人，家族，サービス提供事業者，その他関係者のあいだの連絡調整がされ，本人の生活全般とサービス計画書の実施状況がモニタリングされている。これにより，少年への処遇の実効性が高まり，サービス計画書の期限が終了するまでのあいだ司法と福祉の連携した処遇の継続が担保されている。

4. 矯正施設内における処遇

　ジャスティス・クライエントが矯正施設に収容された場合，施設内での処

遇に関しては少年司法部門のなかで施設運営を所管している部署が責任を負う。そして，DFATSの「障害サービス・上級アドバイザー」（Senior Disability Advisor）が矯正施設職員へのコンサルテーション，障害サービス部門との連絡調整，施設からの釈放時の移行支援，司法・障害・医療の各関係機関のあいだの関係構築にあたっている。上級アドバイザーはDFATSに所属しながら，矯正施設内で勤務時間の多くを過ごしている。矯正施設内においてもDFATSがグループ・ワークを運営しており，ここで取り扱う内容は二次サービスに存在している社会内で処遇されている少年を対象としたものに類似している。矯正施設からの釈放にあたっては，上級アドバイザーが連絡調整をしながら，本人の帰住予定地を管轄する福祉圏域の障害クライエント・サービス部門のケース・マネージメントが支援を引き継いでいる。仮釈放となる少年については，ケース・マネージャーが仮釈放にあたっての移行支援計画書を作成し，仮釈放審査委員会による許可を受けることになる。

›› ビクトリア州の処遇制度の特徴

　前節では司法と福祉の専門職が連携したジャスティス・クライエント処遇の実際を概観した。ビクトリア州の処遇制度の主な特徴として次の3点を挙げることができる。以下に，それらの特徴が処遇の効果向上に，どのように寄与していると考えられるのかという点も併せて考察する。

　第一の特徴は，裁判，処遇段階を通じて同一の司法および福祉サービス機関が関わることで，刑事司法システム内において，知的障害ニーズに配慮した一貫性のある対応を図っている点である。少年司法部門の職員は非行臨床の専門家であり，再犯予防や社会への再統合といった課題についての専門知識と経験を有している。また，障害クライエント・サービス部門に所属するケース・マネージャーはジャスティス・クライエントの福祉的ニーズの理解という視点からアセスメントと支援計画の立案を行い，必要とされる福祉サービスへのアクセスを支援する専門家である。両者が司法と福祉それぞれのサービス・システムをナビゲートすることで，ジャスティス・クライエントのもつ多重かつ複雑な支援ニーズにより効果的に対応している。司法と福祉の両領域の専門家が共

同でサービスをコーディネートすることにより，ソーシャル・ワーク，心理学，障害研究，犯罪学などを複合した視点に立った処遇が可能となっている。そして，司法，福祉のいずれの機関も裁判段階から処遇段階まで継続して関わっており，これが多職種による一貫性をもった処遇を可能にしている。処遇にあたっては，子ども・少年・家族局と障害サービス局が取り交わした「プロトコール」とよばれる内規が用いられており，相互のシステムやその根底にある価値の共通理解を形成しながらの連携が図られている。その意味では，役割分業型ではなく，関係機関が共有できる事項や妥協点を見出しながら連携する共有型協働（廣井，2007）の実現が試みられていると言える[注3]。

　第二の特徴は，サービス計画書を用いることで，児童裁判所の下す処分に福祉領域からの介入を含め，非行少年が必要としていると考えられる支援にアクセスすることが法的に制度化されている点である。ビクトリア州法では，障害福祉サービスは必要とする者が自らの自由意思によって利用するボランタリーなサービスである。しかし，ジャスティス・クライエントの場合には，サービスを受けることに消極的であることも多く，適切な福祉的支援を受けていないことが非行に至るプレッシャーを高めていると思われるケースも多く存在している。こういった場合に法的枠組みの中で定められた期間のサービス利用を義務づけ，本人あるいは家族にとって一定の強制力を伴いながら必要なサポートを受けることができる状況を作り出すことの意味は大きい。

　第三の特徴は，非行少年を処遇する各種サービスが知的障害福祉の枠内において整備されている点である。本章で紹介したサービスは，多くが認知行動療法に基づいているが，それらは障害特性に配慮した内容となっている。具体的には，知的障害者のもつ認知特性に配慮し，本人に提示される情報はカラー・コードやシンボルを用いての図式化，内容を損なわない範囲での単純化，視覚化といった，本人にとってわかりやすい内容とするよう工夫がされている。また，口頭での抽象的な概念の使用をできる限り避け，それらを少年が視覚的に理解できる形で提示し，ロール・

[注3] 役割分業型と共有型の協働の詳細については，廣井（2007）pp.26-27 を参照のこと。

プレイを繰り返し行うことで適切な行動を身につけることができるように配慮している。知的障害のある非行少年に限定したグループ・ワークでは，彼らの個々の理解力に応じて，参加者間のポジティブな相互関係の形成を通じた教育を促進することを目指している。そして，これらのサービスが少年の犯罪傾向の進度に応じて整備されているのは注目すべき点であろう。これによって，本人のニーズをアセスメントした上で，効果的な更生支援のための個別化された計画の策定と実施が可能になっていると考えられる。

›› おわりに

　日本においても犯罪者処遇での司法と多領域の機関との連携が要請されている（廣井，2007）。2009年7月に各都道府県に設置が始まった地域生活定着支援センターは，厚生労働省のセーフティネット支援対策等事業の一環であるが，こうした動きは，従来からの司法システムに加えて，福祉ニーズをもつ犯罪者・非行少年に対しては，多領域機関の一つとしての福祉専門職による支援の必要性の高まりとみることができる。しかし，日本の福祉領域では，ジャスティス・クライエントへのサービス提供は，制度上の枠組みは十分に整備されておらず，実践も蓄積されているとは言い難い。一例を挙げれば，日本では知的障害をもつ犯罪加害者の多くが福祉サービスを利用できていないという実態が指摘されているが（藤本，2008），これはジャスティス・クライエントへの福祉領域からの働きかけが不十分であることを示している。

　ビクトリア州における処遇の特徴である，刑事司法システム内における司法と福祉の連携による一貫した処遇，裁判による処分としての福祉的介入の制度化，知的障害者福祉制度内でのジャスティス・クライエントを対象としたサービスの整備は，今後の日本における司法と福祉の連携による処遇の展開にあたっては大いに参考とすべき点であろう。

　日本の現行制度では，福祉領域の機関がジャスティス・クライエントに司法手続の一環としてサービスすることはほとんど想定されていない。先述した地域生活定着支援センターが矯正施設からの釈放者に対する支援を行うのが唯一の例外であるが，これは基本的に矯正施設における処遇の最終段階での支援を

想定しているものであり，裁判・処遇の段階からの一貫した対応には至っていない。日本においても一部弁護士や社会福祉士が司法手続を通じた福祉的介入を試みており，こうした実践を通じて刑事司法におけるケース・マネージメントの有効性が主張されている（原田，2010）ことを考えると，今後，ここに紹介したような司法と福祉の領域の専門職が共有型協働による一貫した処遇体制を構築することの重要性は高いと言える。

　もとより，日本とは異なった政治制度や法体系，歴史的背景，少年司法や障害者福祉の枠組みをもつビクトリア州の制度や実践をそのまま導入することは不可能である。しかし，ジャスティス・クライエントを複合的なニーズをもつ一人の個人として捉え，司法と福祉が連携しつつ，一貫した処遇を目指すという方向性は十分に共有できるであろう。

参考文献

Australian Bureau of Statistics : 4513.0-Criminal Courts, Australia, 2007-08, ABS, 2009.

Cummins, R.A. & Dunt, D. : Evaluation of a de-institutionalisation program in Australia: the St. Nicholas project. International Journal of Rehabilitation, 11 (4) ; 395-396, 1988.

Department of Human Services : Disability Forensic Assessment and Treatment Service : Service Framework. DHS, Melbourne, 2009a.

Department of Human Services : Protocol between Disability Services and Youth Justice 2009. DHS, Melbourne, 2009b.

藤本哲也：わが国の矯正施設における知的障害者の実態調査と諸外国の文献調査．厚生労働科学研究（障害保健福祉総合研究事業）罪を犯した障がい者の地域生活支援に関する研究報告書（平成 18-20 年度）．2008.

原田和明：発達障害のある少年を中心とした福祉と刑事司法の連携．（浜井浩一，村井敏邦編著）発達障害と司法．現代人文社，2010.

廣井亮一：司法臨床の方法．金剛出版，2007.

Keating, C. and Barrow, D. : Report on the Juvenile Justice Group Conferencing Program. Department of Human Services, Melbourne, 2006.

水藤昌彦：オーストラリア・ビクトリア州における知的障害をもつ非行少年（ジャスティス・クライアント）への処遇．（浜井浩一，村井敏邦編著）発達障害と司法．現代人文社，2010.

Moxley, D. P. : The Practice of Case Management. Sage Publications, 1989.（野中猛・加瀬裕子監訳：ケースマネジメント入門．中央法規，1994）

第Ⅰ部　ジャスティス・クライエントへの心理・福祉的アプローチ

第3章
障害のある非行少年の司法手続と処遇について
―― 法的観点から

森久智江 *Chie Morihisa*
[立命館大学法学部]

>> **はじめに**

　日本の少年法とその運用状況は，2000年そして2007年と，この10年余りの間に二度の法「改正」を経て，その間，少年法を取り巻く種々の刑事司法制度改革の大きな波にさらされながら，今もなお混乱の中にある（武内，2007）。しかし，その法「改正」議論の過程において，障害のある非行少年への司法的対応が特別な問題として取り上げられ，十分に検討がなされたということはほとんどなかったように思われる。

　障害のある成人の犯罪行為者に関する議論は，刑事施設内における「処遇困難者」の実態が明らかになったことを契機に，厚生労働科学研究「虞犯・触法等の障害者の地域生活支援に関する研究」（研究代表者・田島良昭）が開始され，その研究成果から，刑事施設内及び地域における新たな社会的援助のための施策が提案・実現されるに至った（厚生労働科学研究，2008）。しかし，障害のある非行少年の抱える問題については，一部手続上・処遇上の困難が認識されながらも，それぞれの領域での実務家による献身的対応を頼るにとどまっており，本来，少年法がどのような対応をすべきであるのか，また新たな制度的対応を必要とするものであるのか，正面から議論するには至っていない。

　本章は，2000年以降の少年法「改正」の経緯とその後の状況の中で，障害のある非行少年に対する法的対応がいかにあるべきか，その基本的理念につい

て若干の考察を行うものである。

少年法「改正」の経緯と現状

1.「改正」の概要

　まずは今の日本の少年法の現状について確認しておきたい。少年法「改正」についての議論は，それ自体，突如として生じたものではなく，戦後，日本で非常に進歩的かつ徹底した「保護主義」と「健全育成」理念を掲げた少年司法制度がつくられたことへの反動として，1950年代半ばから法務省中心にたびたび議論され，現行法内での改善を目指し，1970年代には法制審議会による「中間答申」，1980年代には最高裁事務総局による「少年事件処理要領モデル案」なども出された（澤登，2008）。しかし，2000年以降の少年法「改正」は，90年代後半からの少年による一連の「重大事件」，それらの事件に対するセンセーショナルな報道と，少年法への社会的批判，政治的関心の高まりが，非常に大きな原動力となったと言える。

　2000年に行われた少年法「改正」（以下，2000年「改正」）の柱は，第一に，検察官関与や観護措置期間の延長による非行事実認定の「適正化」を目的とした手続変更，そして，第二に，審判結果の通知や審判記録の閲覧・謄写，意見の聴取といった被害者への配慮の具体化である。この2000年「改正」には，5年後の見直し規定が含まれており（附則第3条），その見直し「改正」たる2007年に行われた少年法「改正」（以下，2007年「改正」）までの間に，2000年「改正」前と同様，少年による重大事件，特に14歳未満の「触法少年」による重大事件が発生した。それを受け，2007年「改正」では，第一に触法・ぐ犯少年事件の取り扱い変更が柱とされ，触法・ぐ犯事件についての警察による調査権限の明確化，重大触法事件の家裁送致の原則化，14歳未満の少年の少年院送致が盛り込まれた。第二に保護観察中の少年の遵守事項違反を理由とした施設収容等，保護観察対象少年への対応強化，そして，第三に国選付添人制度の拡大が挙げられる。

　これらの少年法「改正」が主眼としていたことは，少年による重大事件を背景として「少年法は甘い」，「少年だからといって，自らの行為に責任をとらせ

なくていいのか」という世論に応じた「成人同様の刑事処分や刑事手続への接近」である。つまり少年司法手続を成人の刑事司法にできる限り近づけ，そこで科すことのできる処分も拡大・強化するという，いわゆる「厳罰化」であった（葛野，2009）。

2.「改正」がもたらしたもの

このような少年法「改正」が実務に何をもたらしたのか，ごく簡単にまとめていきたい。

特に，少年法第20条[注1]2項の重大事件に関するいわゆる「原則逆送」規定というものが新たに設けられたことが，障害があり，重大な非行行為を行った少年の問題に大きく関わっている。従来の少年司法手続においても，一定の事件については，家庭裁判所に送致された後，調査を行った結果，刑事処分相当と認められる場合は，再度，検察官へ逆送致して，刑事手続で扱うことが予定されていたが，新しい20条2項は「故意の犯罪行為により被害者を死亡させた罪の事件であつて，その罪を犯すとき16歳以上の少年に係るものについて」，調査以前に原則的に逆送が予定され，逆送しないのは「調査の結果，犯行の動機及び態様，犯行後の情況，少年の性格，年齢，行状及び環境その他の事情を考慮し，刑事処分以外の措置を相当と認めるとき」という例外的事由があった場合のみである，とも読めるような規定になっている。実際，2000年「改正」直後，逆送事件数は激増し，その後2年ほど経過した頃は一旦落ち着きを見せたが，2004年には再び施行後1年を超える高率で逆送されるようになっており，結果的に逆送の積極的運用が図られていることは否めない状況にある（正木，2006）。

[注1] 少年法第20条：家庭裁判所は，死刑，懲役又は禁錮に当たる罪の事件について，調査の結果，その罪質及び情状に照らして刑事処分を相当と認めるときは，決定をもって，これを管轄地方裁判所に対応する検察庁の検察官に送致しなければならない。

2　前項の規定にかかわらず，家庭裁判所は，故意の犯罪行為により被害者を死亡させた罪の事件であつて，その罪を犯すとき16歳以上の少年に係るものについては，同項の決定をしなければならない。ただし，調査の結果，犯行の動機及び態様，犯行後の情況，少年の性格，年齢，行状及び環境その他の事情を考慮し，刑事処分以外の措置を相当と認めるときは，この限りでない。

また，逆送後の少年の刑事裁判においては，通常の成人の刑事裁判同様，当事者主義構造がとられ，検察官・弁護人・裁判官という法曹三者間の専門性に基づくやり取りが中心になりやすい傾向がある。専門性のない一般市民であり，まして少年である被告人は，「蚊帳の外」に置かれやすいことは想像に難くないであろう。「改正」により，そのような刑事裁判の場にさらされる可能性が高まったという点も，少年にとって，手続上の厳しさを増すものである。刑事裁判の際の処分についても，少年法には判決時少年である被告人に対しては，刑罰を緩和する規定がおかれているが（51条），これは判決時の年齢を基準とするものと理解されているため，少年が刑事裁判を長く争った結果，その係争中に成人に達した場合は，より重い刑罰を科される可能性もある。未決段階での身体拘束が長期化しうること（17条関連）や，加えて被害者が法廷において意見陳述や訴訟参加を行うことが少年にどう影響するのか，さらには，裁判員による少年事件の裁判においてどのような問題状況が発生しうるのか等，近時，憂慮される問題点は少年法の範疇に留まらない。特に，裁判員裁判と少年事件の関係については，専門家による今後の対応が集中的に議論され，いかに裁判員に少年法の意義を理解してもらうかという取り組みも意欲的に行われている（加藤・藤原, 2009）。

　このように，少年法一般の問題として，その理念の根幹にかかわるような法「改正」がたびたび行われ，いまだ混乱の続く今，障害のある非行少年についての問題をどのように考えるべきなのであろうか。

›› 少年法「改正」以前における障害のある非行少年への対応

　障害のある非行少年に対して，少年法はどう対応してきたのか。指摘できる点をまとめておきたい。

1. 裁判所の決定にみる障害と少年非行

　2000年「改正」以前において，この法「改正」の契機となった重大事件には，その決定内容において，少年の障害の問題に触れられているものがあった。たとえば，1997年の神戸事件（朝日新聞1997年10月18日。決定時は障害とは

明言されず「基本的人格の偏り」が著しいとされた），そして 2000 年の豊川主婦殺害事件（朝日新聞 2000 年 12 月 26 日）等である。これらはいずれも少年の持っていた「アスペルガー症候群」等の広汎性発達障害の非行行為への影響について，決定の中で裁判所が言及したものと報道されている。しかし，これらの決定要旨によれば，裁判所は障害の存在を認めても，それがいわゆる責任能力に影響を及ぼすものとは判断しておらず，付添人により心神耗弱等の主張があった場合にも退けられている。

また，この当時，一般的に「アスペルガー症候群」や「広汎性発達障害」という病名そのものがあまり知られていない状況にあったと思われるが，特に，神戸事件をきっかけに，マスコミ報道においても，発達障害と非行の関係性に関心が向けられるようになっていった。このような重大事件をきっかけとして，少年の持つ障害に注目が集まることは，重大事件を起こすのは障害のある少年であるとか，障害を持っている少年がみな危険であるといった誤った認識を植えつけかねない危険性を有していた。しかしあくまで，事件を起こして，それを機に児童精神科医が関わることによって障害が発見されただけに過ぎず，このようなミスリードには留意すべきだという指摘がたびたびなされてきた（村瀬・他，2008）。

2. 処遇における取り組みと見立て

矯正施設においても，戦後早い段階から，知的障害をもつ少年のへの治療的対応はそれぞれの施設独自に行われていた。そのような取り組みを行っていた施設が，重大事件における障害の影響が注目されたことなどをきっかけに，近時は発達障害についても，先進的な取り組みを実施していることが報告されている（田中，2007）。

また，鑑別所においても，後の処遇での取り組みにつながり得る指針を立てることを意識し，非行少年本人に元来ある「一次障害」から，その障害を媒介とした本人の社会的疎外や交友関係構築の困難など，非行の具体的きっかけにつながる「二次障害」への過程を明らかにすることに重点をおくようになったとされる（細井，2004）。しかし同時に，このような鑑別所での対応において，二つの限界も明らかにされている。一つは，発達障害は診断が非常に難しく，やはり児童精神科医などの関与が必要で，従来の鑑別では不十分であるという

指摘，もう一つは，診断ができたとしても，その後の矯正施設でどの程度の適切な処遇が準備されているのか，という指摘である（細井，2004）。これらの指摘は，確かに，少年司法手続における実務上の困難の一端を表すものではあるが，それゆえに，少年法の枠内における障害のある非行少年への対応の限界を示すものではない。障害の有無にかかわらず，あくまで従来の少年司法における保護主義の下で，いかに少年の健全育成を援助すべきか，それを追求する姿勢は一貫していたというべきであろう。

▶▶ 少年法「改正」後における障害のある非行少年への対応

2000年「改正」後においてはどのような状況がみられるであろうか。

1. 触法事件への対応

2003年に発生した長崎幼児誘拐殺人事件（朝日新聞2003年9月30日），2004年の佐世保同級生殺害事件（朝日新聞2004年9月16日。決定時は障害とは判断されず「自分の中にあるあいまいなものを分析し統合して言語化するという一連の作業が苦手」とされた）についても裁判所は決定時，「アスペルガー症候群」による非行行為への影響に言及した。これらの事件は，いずれも触法少年事件であったため，異例ともいえる1年ないし2年の長期の強制的措置をともなう児童自立支援施設送致決定がなされた。しかし，たとえば佐世保事件の処遇決定の理由においては，「健全な人格を形成し，本件触法行為の重大性を認識し，贖罪意識を持つには，資質上の問題点を解決するほかない」として，「そのためには，まず情緒的な受容体験に基づく基本的信頼関係を獲得」させ，「社会的スキルを習得」させることが必要であると指摘されており，裁判所の判断の基軸は，少年法の基本的枠組みの内側にあることが窺える。

2. 逆送事件への対応――寝屋川事件を例として

2005年の寝屋川事件は，自らの母校に包丁を持って入り，教員を複数名殺傷したという事件であり，家裁において少年法20条2項による逆送決定がなされ（朝日新聞2005年8月5日），その後，刑事裁判が行われた（大阪地判平

18. 10. 19, LEX/DB 28135059)。裁判所は，その判決において，少年に「広汎性発達障害」があり，それが犯罪行為に影響したことは認めつつも，少年の弁護人が主張した少年法 55 条による家裁への移送を斥け，懲役 12 年を言い渡した。この事件における裁判所の判断には，「改正」後の少年司法制度の法的問題性がよくあらわれているように思われる。事件及び裁判における事実の詳細については，佐藤幹夫による著書（佐藤，2007）が詳しいが，ここでは，少年法的論点について若干整理してみたい。

寝屋川事件において指摘できる問題点は，大きく三つある。1）家裁審判における「逆送」理由の問題，2）55 条移送の問題，3）責任能力の問題である。

1）家裁審判における「逆送」の理由

この事件で，家庭裁判所は逆送するにあたり，つまり少年を刑事裁判で扱うべき理由として，以下のような点を挙げている。すなわち，①偶然居合わせた複数名に対する計画的殺傷という事件の凶悪性・非人間性，②被害者等の処罰感情の峻烈さ，③学校教育の場で事件が起きたことによる社会的影響等を勘案し，「少年が社会復帰し，被害者や遺族らから理解を得るため」には，「公開された法廷において刑事裁判を受けさせ，本件が生じた間接的な背景や少年が罹患する障害を取り巻く問題点その他の事実関係について明らかにすること」と「罪責に応じた刑罰に服し，社会的な責任を全うさせること」が不可避であり，刑事処分が相当であるというものである。ちなみに，この審判に先んじて出された少年鑑別所技官及び家裁調査官の処遇意見はいずれも少年院送致だったことが明らかになっている（岩佐，2007）。

付添人（この時点では弁護人ではなく，少年審判における付添人である）は，少年の障害が非行行為に相当影響していることが明らかであり，凶悪性や悪質性を減ずべき特段の事情があることから，保護処分とすべきである旨を主張していた。しかし，これに対して裁判所は，「少年がどうして今回の凶行を着想し，実行に至ったかについて，今後の刑事手続きでさらに審理を尽くし，解明されるべきものであるから，現時点において，詳細に認定することは差し控えたい」として，逆送決定の法的性質は「中間決定」であるという理解に立ち，付添人の主張を斥けている。それにも関わらず，家裁は同決定の中で，少年の障害の存在とその非行行為への影響を推測している。ただ，その障害は「比較的軽度

の障害に留ま」り，刑事責任能力を保持していたことは明らかであって，行為の凶悪性・悪質性を大きく減ずべき特段の事情とは評価できないため，20条2項の例外とすべきでない，としているのである。

さらに，刑事処分の在り方についても意見を付し，少年の社会復帰と自らの行為の意味を理解するには，通常の少年刑務所における処遇ではなく，少年の「障害を踏まえた処遇プログラム」が実施されることを要望するとした。つまり，事案の重大性から成人と同じ枠組みにカテゴライズせざるを得ないが，刑務所処遇という刑罰対応のみでは少年の障害に対応できないため，少年の特性に応じた何らかの特別なプログラムで対応すべき，という矛盾した要望が提示されているのである。このような家裁の逆送決定基準が，少年法のもつ理念に照らして許容されるべきものなのかはまた後述する。

2）**少年法55条による家裁への移送について**

少年法55条は，20条2項により一旦事件を刑事裁判によって審理した後，「少年の被告人を保護処分に付するのが相当であると認めるときは，決定をもって，事件を家庭裁判所へ移送しなければならない」としている。つまり，審理は刑事裁判，処分は保護処分ということも制度上予定されている。寝屋川事件の弁護人は，先ほどの家裁の逆送理由からも明らかな通り，刑務所の処遇ではなく，少年院での処遇によってこの少年の障害に対応すべきだとして，逆送後の刑事裁判において，この55条移送により，少年を保護処分にすべきであると主張していた。しかし，裁判所は20条2項にいう「刑事処分以外の措置を相当と認めるとき」という逆送を回避する基準と，55条にいう「保護処分に付するのが相当と認めるとき」という移送基準は基本的に同旨であって，（殺人という）原則逆送事件の55条移送にあたっては，①凶悪性・悪質性を減じる特段の事情，②被告人の性格，年齢等の資質面の事情，環境面の事情等を，特に①を中心に検討し，保護処分が相当であることが刑事裁判の過程で明らかにならない限り，移送して保護処分にすべき理由はない，との基本姿勢を示した。その上で，家裁における逆送決定時とほぼ同様の判旨で，この事件においては「凶悪性・悪質性を減じる特段の事情」がないと判示したのである。

このような20条2項逆送回避基準と55条移送基準の関係は，2000年「改正」の際に立法者が繰り返し説明した20条2項の理解ともやや異なるものである

（平井・小松, 2004)。立法者によれば，重大事件を刑事裁判で審理する意義は，公開の裁判で事実を明らかにし，被害者や社会に対して説明責任を果たすためであって，刑罰を科すことそのものが目的ではない，というものであった。逆送と同時に少年法の理念が放棄されるのではなく，その後の55条移送で少年の保護を全うすべく保護処分を行うことができる，という説明主旨からすれば，20条2項と55条の基準が異なることは，立法当初から想定されていたものと考えられる。しかし，裁判所はそのような立法趣旨を否定したことになる。

3）刑事責任能力の認定について

この事件では，少年の障害が少なからず犯罪行為に影響していたことは認められたが，その障害が，刑法39条にいう「心神耗弱」にあたるのか，それによって刑罰を減軽するということが認められるのか，ということが争点となった。弁護人は，当該少年の精神鑑定で指摘された少年の「対人相互性の質的障害」の存在が，発達年齢の低さに影響していて，それが限定責任能力の理由となり得るのではないか，という立論を行おうとしたが（佐藤, 2007)，このような一定の領域のみの発達の遅れというのは，従来の責任能力判断において想定されていない問題であるといえる。まさしくその行為を行った瞬間に，その行為が違法な行為だと判っていたかどうか（＝是非弁別能力の有無)，またその上で違法な行為ではなく適法な行為を選択することができたかどうか（＝行動制御能力の有無)，というのが従来の責任能力判断の基準であり，判例上，知的障害についても，知的障害の存在そのものを理由とする心神耗弱が認められたケースは極めて稀である。しかし，情状に関する一要素としてではなく，まさに犯罪行為の理解そのものについて，当該少年にある障害の影響を無視した理解が適切なのか否か，改めて問い直す必要があるものと思われる。

▶▶ 少年法の理念と障害のある非行少年の適正手続保障

1. 少年の意見表明権と適正手続保障

少年法における基本理念は，その1条にある通り，少年の「健全育成」である。この基本理念に則り，少年法を根拠とする保護処分が少年の健全育成を目的としていることはもちろん，その保護処分を決定するにあたっての手続にも，一

貫した教育機能が求められ，審判過程そのものが処遇過程の一環であると理解されている（澤登，2008）。このことは，少年法22条1項が少年審判を「懇切を旨として，和やかに行う」ものと規定していることからも明らかである。「懇切」で「和やかな」審判手続がなぜ教育的であるといえるのか。それは，「懇切」かつ「和やかな」手続であることにより，少年による手続への主体的参加，審判廷における他の参加者と少年との間の適切なコミュニケーションが実現するからに他ならない。

　少年が自らの非行行為に関する手続に参加すべきであるということは，日本のみならず世界的要請である。少年司法運営に関する国連最低基準規則（いわゆる北京ルールズ）は，手続が「少年にとって最良の利益に導かれ，少年がそこに加わり，自らを自由に表現しうるような相互理解の雰囲気の中でおこなわれるべきである」（14.2）とし，まさに少年の手続参加が，適正手続の本質として要求されているのである。また，北京ルールズは児童の権利に関する条約に定められた児童の権利を，少年司法における権利規定として具体化したものであるが，児童の権利条約では第6条において，子どもの「成長発達権」保障を規定している。この「成長発達権」の中核を為すのは，少年が自ら考えていることを周囲に対して，他者の干渉を排し，落ち着いて話すことができるという「意見表明権」（同条約第12条1項に規定）の保障である（山口，2001）。参加するということは，単に手続の場にいるということではなく，相互に理解しながらコミュニケーションをはかることができる，ということである。12条1項後段は，少年の意見を少年自身の「年齢及び成熟度に従って相応に考慮」すべきとしており，少年の理解を促進するための措置を要求しているのである。つまり，少年司法手続においては，単なる他律的な教育的観点のみならず，適正手続保障として少年自身が自らの手続に参加できているのかどうか，ということが決定的に重要であり，日本国憲法第31条に規定された適正手続保障からもその観点は絶対不可欠であるといえる。憲法31条は刑事被告人に関する規定であるが，保護処分といえども少年自身の自由制約をともなう不利益処分としての側面を有する保護処分を決定するという点において，少年司法手続にも適正手続保障は要求されているのである。

2. 障害のある非行少年の審判能力と手続参加

　少年の手続参加を可能とするためには，その前提として，手続に「参加できる能力」が必要である。意見表明を行うにも，自身の意見を表明できる力が必要であることは言うまでもない。そのような手続参加能力は，刑事手続における訴訟を遂行できる能力（訴訟能力）と同視できるものであるが，家裁での少年手続の場合はこれを「審判能力」と呼び，判例においてその定義がなされた決定が存在する（大阪家決1972.1.31）。同決定によれば，「審判能力」とは「審判における自己の立場を理解し裁判官の発問の趣旨を理解し，適切に応答するなど審判手続に参加する役割を担う」能力であるとしている。この決定に言う「審判能力」を，障害のある非行少年に認め得るためには，どのような制度的担保が必要なのであろうか。たとえば，知的障害のある少年については，目の前で起こっていることを認識する「視覚行動能力」がある場合でも，つまり社会生活を送る上での適応には困らない少年であっても，訴訟特有の法的な概念思考や意味把握を行うのは困難な場合が多々見受けられることが指摘されている（西山，2000）。日常的にはなんら問題なく社会に適応していても，法廷という場に適応できるかどうかは全く別の問題であり，明らかに後者の「法廷適応能力」がないと思われる少年については，少なくとも，より高度な訴訟の理解を必要とされる刑事裁判における手続参加はやはり困難であり，逆送決定は控えられるべきだと考えられる。

　さらに，家裁において一旦訴訟能力があると認められ逆送された少年についても，実効的な手続参加を保障するためには，手続の各段階において適切な社会的援助と手続参加の可否に関する検証が必要とされるであろう。すなわち，少年が手続に参加できているかどうかは，他の訴訟参加者との相互関係の中で決まるものであって，常にそのような参加状況が検証されながら手続を進める必要がある。

　イギリスで2005年に知的能力の低い少年の実効的な手続参加が可能であったか否かが争われた高等法院判決（R(on the application of TP) v West London Youth Court, (2005) EWHC2583 (Admin)）では，専門裁判所たる少年裁判所の審理手続における少年の実効的参加を確保されているというためには，以下のような特別措置が採られ，手続が修正されていることが必要だと判示している。

すなわち，①少年の認知的機能水準（level of cognitive functioning）に（それが通常より低いことに）常に配慮すること，②平準（concise）かつ簡潔（simple）な言葉を用いること，③定期的休憩（regular breaks）をとること，④裁判手続について説明する時間を特別にとる（having additional time）こと，⑤少年が必要とする援助に確実にアクセスできる（access to support）よう事前対策をとること，⑥訴追を受けている犯罪事実（ingredients of the charge）についての少年の理解を確実にすべく説明を行うこと，⑦科されうる処分（outcomes）及び判決（sentences）についての説明を行うこと，⑧尋問が慎重にコントロールされたものであるために，簡潔（short）かつ明確（clear）で負担を最小化（frustration is minimised）した質問を行うことというものであり，これらの措置が適切に採られていない場合には，その救済として，手続濫用を理由とした手続打切がなされるべきであるとした。葛野尋之は，当該判決を詳細に紹介・検討した上で，日本における少年の手続参加のための特別措置を具体化するのに大いに参考になるとし，少年の実効的参加が認められなかった場合の日本における救済方法として，実体判断によらない形での手続終結をすべきあると指摘している（葛野，2009）。また，このような手続終結は，少年法上にも，調査の結果（19条1項）もしくは審判の結果（23条2項）により，不審判や不処分とすべき場合が規定されており，ここには形式判断も含まれるものと解されるとする。

3. 処遇選択と適正手続保障

　少年の手続参加保障は，事実認定のみならず，処遇選択の段階にも及ぶと考えられる。その処遇を決める基準はどうあるべきなのか。少年審判での処分選択基準が要保護性であることに疑いないところであるが，刑事裁判においてはどのような量刑基準が適用されるべきなのであろうか。もし，成人と同様の量刑基準が適用されるとした場合，少年法第55条が，刑事裁判においても保護処分の可能性を残していることは，全く考慮する必要がないのであろうか。

　少年の刑事手続が成人と全く同じで構わない，という考え方を少年法がとっていないことは，少年法第1条と第50条に顕著に表れている。1条は「少年の刑事事件について，特別の措置を講ずることを目的とする」とし，「健全育成」理念が，刑事事件においても貫徹されるべきことを規定している。また，50条は，

「少年の刑事事件の審理」が家裁同様，科学主義に則ったものでなければならないこと，つまり「医学，心理学，教育学，社会学その他の専門的知識」を活用した調査に基づいて行われなければならないとしているのである。家裁における調査は，まさしく要保護性判断のためのものであるから，このことは，少年の刑事裁判における処遇選択においても，成人同様の量刑基準を採用して構わない，ということにはならないということを示す。少年法第55条が，審理後に保護処分の可能性を再度検討せよと定めているのは，刑事裁判においても，少年の健全育成及び成長発達を第一の目的として，独自の量刑基準に立って処遇を決定すべきだという少年法の一貫した姿勢の表れなのである（本庄, 2004）。

少年法の理念に則り，障害のある非行少年にとっての健全育成・成長発達のためには何が必要とされるのであろうか。つまり，障害のある非行少年が主体的・自律的な社会復帰と非行行為の克服を為すために，どのような処遇を選択すべきなのか，ということが問題となる。

前述の通り，「改正」少年法は，厳罰化を志向したものになっており，それは，当時の「改正」論議の中で，少年の非行行為，その結果に対する少年自身の行為に対する「責任」の自覚が強調されたがゆえのことである。重大事件の逆送原則化，その結論としての刑罰賦課についても，「責任」の自覚を促すには，刑罰による対応が不可欠であるという「刑罰への期待」が込められている。あるいは，凶悪事件をおこした少年に対して「刑罰が科されたという客観的事実」を社会に示すことが必要だと考えられた結果であろう。武内は，「『原則死刑』を破る事情の存否を探る」手法を採りながら，社会調査記録（少年法9条）を関心の外に置いて判示した光市母子殺害事件の最高裁判決に対する評価として，「非行結果が重大であればあるほど刑事事件の審理において社会調査記録が意味をもたなくなるおそれ」があるとし，裁判員制度との関連にも触れながら「個別的な人格・環境理解と処遇選択が求められる少年事件を，専門的知見から離れて，行為結果や行動の外形に着目した『分かりやすい』基準で迅速審理することの問題性」が当該判決に表れていることを指摘する（武内, 2008）。

しかし，本当に刑罰賦課には「責任」の自覚を促す効果が常に期待できるのか，特に，障害のある非行少年にとって，犯罪行為による「被害」や自らが受ける「刑罰」の意味理解なしに，「責任」を自覚するということが本当にありうるのか。

むしろ，実際に処遇にあたる矯正施設や，その指針を立てる鑑別所等で意識されている通り，少年の障害特性を踏まえたきめ細やかな処遇こそが必要であり，それこそが少年の健全育成・成長発達に資するものであると考えられる。事案が重大であるからこそ，少年が自律的に社会復帰を果たし，成長を遂げるには，ますますそのための社会的援助の必要性は増すのであって，事案の重大性が保護処分の必要性を減じる事由にはなりえないのではないだろうか。

「責任」の自覚のみならず，少年の健全育成や成長発達を強調すると，それは少年本人の利益の保護のみを重視することになり，犯罪被害者や社会の利益はどうなるのか，という声に対しても同様のことがいえる。犯罪被害者の心情として，より厳しい処分・刑罰を望むことは極めて自然であり，それに共感する社会感情があることも事実である。しかし一方で，少なくとも「現実の被害者」ではなく「潜在的被害者」である社会一般は，将来の社会の担い手である少年の成長発達を支えるべき立場にもあるはずである。それは，児童の権利条約や少年法がなぜ少年の権利を特別に「保護」しているのか，その存在意義に鑑みれば，そこで保護されているのは必ずしも少年個人の利益だけではなく，社会的利益であることが明らかであろう。

›› おわりに

障害のある少年に対する適切な司法手続と処遇は，少年法が，本来その理念としている「健全育成」に基づき，少年の手続参加を旨とする適正手続を徹底して具体的に保障することにより，実現され得るものであるといえる。それは一方で，彼らが抱える「障害」が，もっとも対応の難しい少年の「特性」であると考えれば，将来的には，現行少年法が抱える非行少年一般の手続における問題点を解決することにも繋がり得るものかもしれない。

残された課題として，刑法的論点でもあり，本章では十分に検討が及ばなかった刑事責任能力の問題がある。これは障害のある成人の刑事事件に関しても同様であるが，刑事責任概念とその認定について，これまで通りの概念及び認定方法により行われることが，当該被告人にとって適正な手続であるといえるのかは再検討を要する問題であり，近時，これに取り組もうとするものも見ら

れるようになった（浅田，2010）．また，障害のある人が刑事司法手続に実効的に参加するために，具体的にどのような制度的保障を行うべきなのか，司法手続そのものの在り方を改革する必要があるのか，具体的な制度設計についても今後検討すべき課題であろう．

文　献

浅田和茂：刑事責任能力と発達障害．（浜井浩一・村井敏邦，編）：発達障害と司法：非行少年の処遇を中心に．現代人文社，pp.129-141, 2010.

岩佐嘉彦：少年の「刑事裁判」のもつ意味：寝屋川事件から感じたこと．法と民主主義，418；44-45, 2007.

加藤幸雄・藤原正範：Q&A 少年事件と裁判員裁判：少年の立ち直りと向き合う裁判員のために．明石書店，2009.

葛野尋之：少年司法における参加と修復．日本評論社，2009.

厚生労働科学研究（障害保健福祉総合研究事業）報告書：罪を犯した障がい者の地域生活支援に関する研究．平成 18 〜 20 年度（研究代表者：田島良昭），2008.

村瀬学・田中究・松本雅彦・高岡健：座談会：発達障害概念の再検討．精神医療，49；6-26, 2008.

佐藤幹夫：裁かれた罪 裁けなかった「こころ」：17 歳の自閉症裁判．岩波書店，2007.

澤登俊雄：少年法入門〔第 4 版〕．有斐閣，2008.

武内謙治：少年司法の現在と未来への見取り図—ひとつのラフ・スケッチ．法政研究，734；878-902, 2007.

武内謙治：ロー・ジャーナル：光市母子殺害事件最高裁判決をどうみるか．法学セミナー，646；4-5, 2008.

田中徹：発達障害等精神的問題を有する少年に対する処遇：運用の実情と課題．犯罪と非行，153；62-82, 2007.

十一元三：少年事件・刑事事件と広汎性発達障害．そだちの科学，5；89-95, 2005.

西山詮：知的障害者と刑事手続：適正手続の保障のために何が必要か．自由と正義，51(9)；26-35, 2000.

平井宏俊・小松琢：京都 55 条再移送事件．（葛野尋之編）：「改正」少年法を検証する：事件とケースから読み解く．日本評論社，pp.58-69, 2004.

細井保宏：軽度発達障害の兆候を有する非行少年の鑑別．刑政，115 (1)；112-124, 2004.

本庄武：少年事件における量刑と家庭裁判所への事件再移送．葛野尋之編：「改正」少年法を検証する：事件とケースから読み解く．日本評論社，pp.155-168, 2004.

正木祐史：20 条 2 項送致の要件と手続．（葛野尋之編）：少年司法改革の検証と展望．日本評論社，pp.23-48, 2006.

山口直也：子どもの成長発達権と少年法 61 条の意義．山梨学院大学法学論集，pp.75-110, 2001.

第Ⅰ部 ジャスティス・クライエントへの心理・福祉的アプローチ

第4章

矯正施設における知的障害者の処遇

小柳 武 *Takeshi Koyanagi*
[常磐大学大学院被害者学研究科]

›› 矯正施設について

　最初に矯正施設について概観する。矯正施設とは，我が国においては，法務省矯正局が管轄する施設のことであり，刑務所，少年刑務所，拘置所，少年院，少年鑑別所及び婦人補導院のことである。このうち，刑務所，少年刑務所，拘置所を刑事施設と呼び，少年院，少年鑑別所を少年施設と呼んで区別している。婦人補導院は，売春防止法により補導処分となった女性を収容し教育する施設である。

　これらの施設は，すべて国立の施設で，法務省矯正局が所管する施設であることが特徴であった。しかし，最近，民間資本を導入した刑務所が建築・運営されることになり，現在，4箇所の施設が設立されている[注1]。この4箇所の施設は，PFI（Private Finance Initiative）方式による刑務所（以下，「PFI刑務所」

　[注1] PFI方式の刑務所は大きく二つに分けられ，一つは施設の設計・建設を含めて民間事業者が主体となって運営している施設であり，M促進センターとA社会復帰促進センターの2箇所が該当する。他の2箇所は，施設の設計・建設は国が行い，運営を民間事業者に委ねている施設であり，K社会復帰促進センターおよびH社会復帰促進センターである。いずれも「刑務所」ではなく，「社会復帰促進センター」と呼称されている。

という。）と呼ばれ，従来の刑事施設とは多くの異なる特徴を有し[注2]，そこで実践されている教育・施設運営も，これまでの刑事施設でのそれとは大きく異なっている[注3]。

　筆者は，PFI刑務所の一つである社会復帰促進センター（以下，「Aセンター」とする。）の知的障害者・精神障害者の特化ユニット[注4]における指導を担当している「医療法人せのがわ」[注5]に関係していることから，ここでは，Aセンターにおける知的障害者の処遇を中心に紹介する。

›› 矯正施設における知的障害者の特質

　刑事施設においては，原則としてすべての受刑者に対して，刑執行開始の初期に能力テストを実施している。この能力テストは受刑者に焦点を当てながらも，市販の知能テスト結果と比較検討し標準化したテストである。このテストによるIQ相当値（以下，単に「IQ」とする）を参考にしながら，最初に統計的な特徴を見る。

　図1は，平成20年の新受刑者[注6]の知能指数の分布を示したものである。

[注2] PFI刑務所はそれぞれに特徴を有しているが，共通しているのは，犯罪傾向の進んでいない受刑者を収容していること，作業，職業訓練，教育などの刑事施設の処遇の根幹をなす分野も民間に委託したこと，などである。そのほか，ハイテクを活用した運営・警備なども特徴となっており，施設によってはコンクリート塀ではなくフェンスで囲まれ，また居室窓も鉄格子に代えて強化ガラスを使用している。

[注3] 各施設では，地域社会との連携のもとに多くの教育・運営を試みている。例えば，盲導犬の訓練，外部教育会社による各種指導，地域の医療機関との連携，地域社会との診療所の共用，自動で動く食事の温冷配膳車の活用など，ICタグ使用による受刑者の位置情報把握（これによって所内を受刑者が単独で歩行することが可能となった）など最新のハイテクを活用した設備などもある。

[注4] 「特化ユニット」とは，各センターに収容する受刑者のうち，身体，知的，精神障害者に対して，特にその特性に応じた処遇を実施するユニットであり，それぞれの施設において処遇が展開されている。Aセンターには，身体障害や知的障害者のための特化ユニットがある。

[注5] 平成22年4月からは，医療法人せのがわに代わって，島根県の医療関係機関が担当することになった。

[注6] 新受刑者とは，刑の執行のために新たに入所した受刑者のことであり，初入受刑者（初入所の受刑者）ではない。平成20年の新受刑者とは，平成20年1月1日〜12月31日までの間に，全国の刑事施設等に入所した受刑者を指す。

第4章
矯正施設における知的障害者の処遇

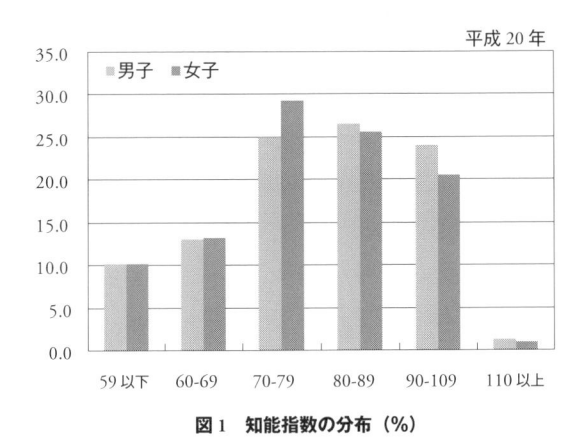

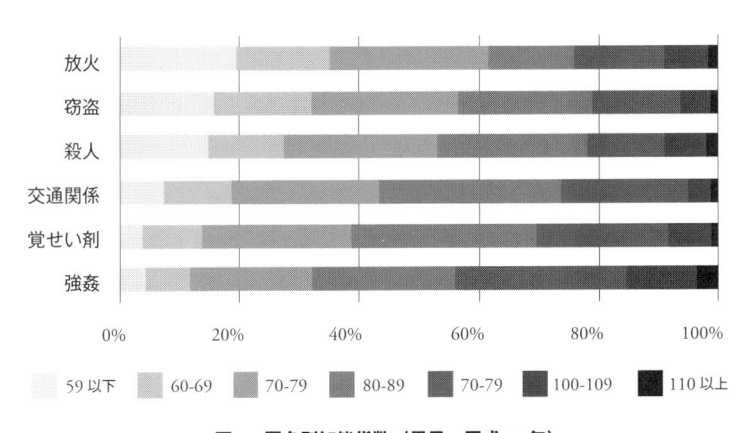

図1 知能指数の分布（％）

図2 罪名別知能指数（男子・平成20年）

　男子にIQ80台が多く，女子は70台が多い。いずれも，一般の成人よりも低いことが特徴である。男女間で若干の差がみられるが，使用しているテストは集団を対象に実施する動作性知能テストであり，成人・少年ともに男子が女子に比べてわずかにIQが高くなる傾向が見られる。また，少年の方が成人よりも若干高くなる傾向がある。一般成人に比べて若干低い知能指数の傾向は，平成20年に限ったことではなく，各年とも同様の傾向を示しているので，受刑者の特徴であると考えられる。

　図2は，平成20年の男子新受刑者の知能指数と主要罪名の関係を見たものである。IQ79以下の占める割合が多い順に並べてみると，放火，窃盗，殺人，

59

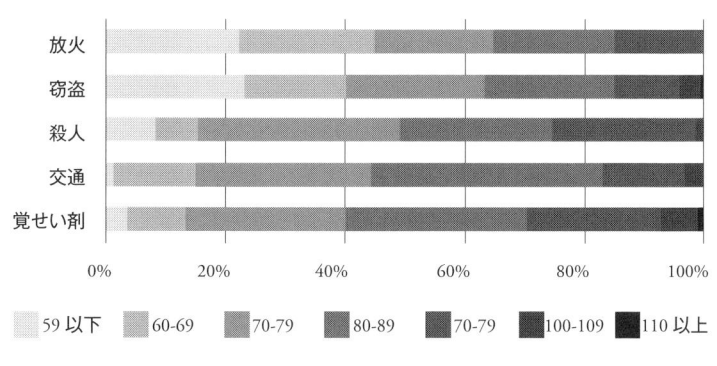

第 I 部
ジャスティス・クライエントへの
心理・福祉的アプローチ

図3 罪名別女子受刑者の知能指数（平成20年）

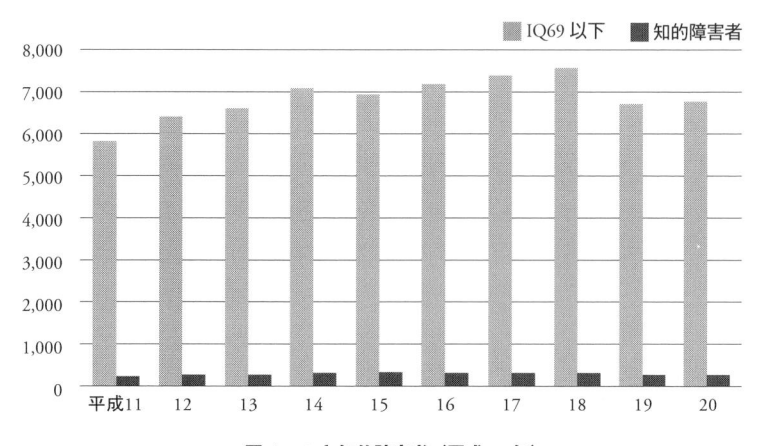

図4 IQ と知的障害者（平成20年）

交通関係，覚せい剤，強姦の順になっている。放火は，体力や知力がなくても遂行可能な犯罪である。日常生活におけるストレスや不満などを適切に発散できず，犯罪に及んでいる状況が推測される。この傾向は女子受刑者においても同様であり，図3に示すように，女子においても放火，窃盗，殺人において，IQ が低い受刑者が多いことが指摘される。

次に，IQ と知的障害者の関係を見る。

図4は，知能指数と知的障害者と診断された者を示したものである。IQ69以下の受刑者は，ほぼ毎年6,000名から7,000名入所するが，この中で，知的障害者と診断された受刑者は300人未満，3％以下である。知的障害者の診断

基準にもよるが、矯正施設においては、極めて限定的な診断をしていることが推測される。この事情について、詳細に記載することは紙数に制限があるので省略するが、主として以下の二つの要因が考えられる。第一に、犯罪をして矯正施設に収容された者は、それだけで社会的に弱者であり、基本的に保護される対象である。その中でも知的に劣る者は、他の被収容者に対して引け目を感じることが多いのが実情である。その知的に劣る被収容者に対して、犯罪者であることに加えて知的障害者としてラベリングし、他の被収容者と区別することに対する抵抗感があること。第二は、IQ69以下であっても、所内生活には重大な支障が認められない被収容者が多いことである。他の被収容者と区別せずに生活させることが望ましいと考えられていることが指摘される。

しかし、最近は、精神保健福祉法、障害者自立支援法などの法律が整備され、各種の対策が講じられるようになった。矯正施設においても、知的障害者の診断とは別に、さまざまな処遇が試みられるようになった。

▶▶ A社会復帰促進センターにおける特化ユニットでの試み

刑事施設における知的障害者に対する指導は、重篤な場合や特別な事情がある場合は、特に指定された施設（医療刑務所、医療少年院など）で実施されている。この指導は、医療施設での専門家による体系的な指導である。こうした特別な指導とは別に、知的障害者と診断されない多くの受刑者に対しては、各施設において生活指導や能力に相応しい作業を課すなどさまざまな処遇を展開している。また、最近では、刑事施設に配置された心理学・教育学の専門家による多くの試みが実施されている[注7]。

ここでは、前述したPFI刑務所の一つである、Aセンターにおける指導について紹介する。

Aセンターは、定員2,000名の大規模施設で、A指標受刑者（犯罪性が進んでいない受刑者）を収容している。この中に、知的・精神的障害者を対象とす

[注7] 特に少年刑務所などの専門家による指導が実践されている。多くの報告もされているが、たとえば、椿（2008）のほか、細水（2009）などがある。

表1　Mユニットにおける指導プログラム

単元	項目	目的・内容
1	心理検査・オリエンテーション	質問紙を使用，カードを使用した自己紹介。
2	臨床動作法	身体動作により緊張や弛緩状態，気分を把握する。
3	コラージュ療法	画用紙に素材を自由に貼り付け，完成後作品のテーマと感想について発表する。素材は週刊誌，写真集などからあらかじめ切り取っておいたものを使用する。
4	コラージュ療法	
5	コラージュ療法	
6	アニメーション鑑賞	アニメを鑑賞（約30分）し，それについて資料をもとに感想を記載し発表する。
7	アニメーション鑑賞	
8	アンガーコントロール	日常生活で経験する怒りをコントロールすることを学ぶ。怒ったときの身体反応の確認。考え方の多様性を学ぶ。
9	アンガーコントロール	
10	アサーショントレーニング	日常生活場面での適切な自己主張の在り方を学ぶ。落ち着いた対応の在り方などを感じ取る。
11	アサーショントレーニング	
12	まとめ，再発防止チェック	全体の感想。出所後の医療機関への継続方法。

る定員90名のMユニットがあり，「医療法人せのがわ」[注8]が，平成22（2010）年3月まで精神科診療を担当していた。精神科医による診療のほかに，心理療法士，作業療法士，精神保健福祉士などの専門家チームが，集団精神科療法，SST，作業療法プログラム，内省プログラム，リラクゼーションプログラム，感情表出・意思表示プログラムなど多種類のプログラムを実施し成果を上げている。そのすべてを紹介するのは困難なので，知的障害者・精神障害者を対象に実施している集団精神療法プログラムを紹介する。

同プログラムは，全12単元で構成されているが，その基本的なコンセプトは，①円滑なコミュニケーションの訓練。特に，自然な感情表現，怒りのコントロール，多様な物の考え方の理解などを経験する。②質問紙等を用いて，個々

[注8]「医療法人せのがわ」は，広島市安芸区に所在する精神科病院である。「いつでも，どこでも，だれでも」をモットーに患者を受け入れ，扉をたたくすべての患者を受け入れ，温かい医療の手を差しのべている。他の精神科病院では比較的忌避される，薬物依存者，元受刑者なども入院・治療しているほか，症状の改善に合わせて7段階のSenogawa式Care Unitを展開している。平成21年度は，「医療法人せのがわ」がAセンターのMユニットの診療を担当したが，距離の問題もあり，平成22年度からは，島根県内の医療機関が担当することとなった。

人の能力を正確に把握する。③他のプログラム（内省プログラム，SST（Social Skills Training）など）を支援する。④本人の病気への理解を深めるである。

12単元の全体的な流れは，身体表現→感情表現→言語表現となっている。これは，身体表現が知的障害者にも理解しやすく，指導者との共通感覚を得やすいこと。身体的な問題（視力，聴力等を含む。）を早めに把握することができること。感情表現については優劣がないこと。最後の仕上げとして言語表現を円滑に行うようにすることが，全体の流れとして自然であると考えられたからである。

具体的な指導プログラムは，表1のとおりである。

以下，プログラムに沿って，実施状況等について述べる。

第1回　オリエンテーション・自己紹介

〈自己紹介・緊張感の緩和〉　新築の明るい雰囲気の施設であり，刑務所であることを忘れさせるような空間であるが，初めての顔合わせであり，緊張しているので，スタッフから自己紹介を始める。自己紹介は，名前と最近関心を持ったことを話させる。通常，自己紹介だけでは緊張感が緩和されないので，一定のルールを作って，席を移動するなど動作を伴う簡単なゲームを実施する。緊張感の緩和が目的なので，ルールを間違っても許容する。

〈身体接触と会話〉　その後，二人一組となって相互に肩もみをする。お互いに，上，横，もっと強く，弱くなどと指示しながら会話と緊張感をほぐしていく。

〈ルールの説明〉　相当程度慣れたところで，改めてプログラム全体について説明するとともに，グループディスカッションでのルールを説明する。ルールは，①話したくないことは無理に話さなくてよい。②ここで話したことは，ここだけで終わる。居室や工場では話してはいけない。③ケンカをしない，お互いを大切に思うこと，である。

〈最初のディスカッション〉　現在の心境について話す。1，2分考えさせ，自発的に話をさせるが，最初から自発的に話すのは困難なので指名する。その後，尊敬する人物，歴史上の好きな人物などを話させる。

第2回　臨床動作法

〈身体・筋肉の動きを感じる〉　身体的動作を通じて，緊張・弛緩状態，気

分などを把握することが目的。肩，背筋，足全体を動かし，緊張状態のときの筋肉の動き，肉体的変化，気分との関係などを記録させる。怒りを感じるときの身体状況と，緊張状態の筋肉の動きの共通点などを感じさせ，アンガーコントロールにも転用する。

〈グループディスカッション〉　身体的動作で緊張感を緩和させ，その雰囲気でディスカッションに移る。いくつかのテーマをあらかじめ用意し，そのテーマにそって話し合う。テーマの例としては，「人間関係で困ったこと」「今からも大切にしていきたいこと」「新しく勉強したいこと」などである。

第3回〜5回　コラージュ療法

参加者相互の交流を図ること，作品を通じて自己の感情を表現すること，作品を評価し自己肯定感を高める，発表することで自己表現能力を養うこと，片付けを集団で実施し，社会性を身につけること，などを目的に実施している。

最初に，コラージュの意味や，自由に作ること，作品に名前をつけること，みんなで感想を話すことなどを説示する。

手先が器用な人が少ないこと，雑誌等から切り取ると時間がかかること，怪我を防止する必要があることなどから，職員があらかじめ切り取った素材をコピーして，そのコピーを切り取り使用させている。

毎回同じ素材（食べ物，それも施設内では食べられない高価なものが多い。）を使用する人，内臓や武器を中心に貼りつける人なども見られる。

第6回〜7回　アニメーション鑑賞

肩のこらない時間として映画を鑑賞させるが，目的は，グループディスカッションでの発表者，記録者，進行係などの役割の分担と，一つのことを集団で達成させることで協調性を感じさせること，登場人物の気持ちを考えること，自己と似た環境を思い出し，苦しい体験などを話し合いお互いに理解することにある。

1回に1本，合計2本のアニメを鑑賞させる。1本は日本を代表するアニメ『鉄腕アトム』で，交通事故で子どもを亡くした天馬博士が，子どもの夢を託してロボットを完成させる内容であり，他の1本はカナダのアニメで，生活が苦しくなる場面，支援を求める場面，家族を失う場面，その悲しみに耐えて一つのことを成就させる場面など，いくつかの考えさせる内容を含んでいる。

しかし，主人公の置かれた立場や感情を細やかに理解することは難しく，

場面の物理的な変化などをそのまま述べたり，感情を移入することもなく，絵の好き嫌いを述べることが多いことが指摘される。

第8回～9回　アンガーコントロール

　犯罪者の多くは，犯行場面で怒りを抑制できず，感情のままに行動することが多いことから，感情のコントロール，特に怒りのコントロールについて考え，身体的変化などの具体的な動きについて感じさせることが目的である。

　最初に，怒った時に身体がどのように変化するか，身体の反応を感じ取らせる。特に，肩が張り，顔の表情が強張り，視線がきつくなることなどを実感させる。その時の感情や気持ち，考え方を討論し，もっと異なる対応の仕方を考えさせる。特に，身体との関係では，呼吸法を体験させる。通常，吐く時に気持ちが落ち着くことを暗示し，怒った時は，深呼吸をし呼吸を整えることの重要性を体験させる。この呼吸法は1回での習得は難しく，繰り返し練習することが必要である。

　その後，「貸した本が返ってこない」「仕事が進まない」など不満を感じやすい場面を設定して，「どのように対処するか」「どのような対処が望ましいか」などについて，グループでディスカッションする。

第10回～11回　アサーショントレーニング

　最初に，アサーショントレーニングについて説明する。特に，日常生活場面でのコミュニケーションの重要性，一つのことでも話し方によって大きく人間関係が変わり得ること，多様な話し方，相手の気持ちを考えた話し方，一方的な話し方，自己中心的な話し方などを具体的に学び，円滑なコミュニケーションと人間関係を身につけることを説明する。

　導入は，前回までの呼吸法を復習し気分を落ち着かせる。必要に応じて，呼吸法だけではなくリラックスするツボ押しなどの指圧も加える。

　あらかじめ作成したシナリオに基づいて指導するが，シナリオには，3人の異なる対応をする人物が登場する。一人は「おどおどした対応」，二人目は「威張り屋さん」，三人目は「さわやかな対応」をする人物である。同じ場面でも，多様なコミュニケーションがあること，特に，「さわやかな対応」が円滑な人間関係において重要であることを理解させる。

　その後，例題を出して，さわやかな対応について具体的に考えさせる。さらに，これまでの人生を振り返り，実生活で体験した対応と，望ましい

対応について討議する。

第12回　まとめと再発防止チェック

これまでの指導を振り返って，楽しかったこと，学んだこと，役に立つと思ったこと，理解が難しかったこと，これまでの生活で困った場面を思い出し望ましい対応について話し合うなど，自由に討議することが目的である。家族や友人との交際に関連する問題を挙げる参加者が多いのが特徴である。

さらに，出所後の医療機関への係属，その方法などを具体的に説明するとともに，病識の理解のためのチェックリストを手渡している。

›› おわりに

我が国の矯正処遇は，平成17年の監獄法の改正以来[注9]，あらゆる面で大きく変化した。特に，受刑者処遇は大きな変化を遂げている。それまでは，保安・作業を中心に運営されてきた刑務所が，受刑者の改善更生，社会復帰に一層の焦点を当てた処遇が展開されることなった。知的障害者処遇も例外ではない。

本章では，PFI方式の社会復帰センターでの知的障害者処遇に焦点を当ててその実態を紹介した。新たな試みである社会復帰センターでの処遇は，緒に就いたばかりであるが，地域社会，民間組織，ボランティア等民間人の参加のもとに多くの処遇が試行されている。21世紀における矯正処遇の在り方として注目されるのみではなく，これまでの矯正処遇の在り方を根本的に見直す機会にもなっているように思われる。今後，英知を結集してさらなる発展が期待されるところである。

文　献

椿百合子：知的障害のある受刑者等の社会復帰支援について．刑政，119 (8)；28-36, 2008.
細水令子：奈良少年刑務所における社会性涵養プログラムの実施．罪と罰，18；327-34, 2009.

[注9]　監獄法は，「刑事施設及び受刑者の処遇に関する法律」（平成17年制定，18年施行）から「刑事収容施設及び被収容者等の処遇に関する法律」（19年施行）となって現在に至り，名実ともに受刑者処遇の根幹をなす法律となった。

第Ⅱ部
精神／発達障害と非行・犯罪臨床におけるリスク・アセスメント

第1章
非行リスクとしての障害と関連問題

第2章
学校における問題行動への対処と非行予防

第3章
触法・低年齢少年の非行の特徴

第4章
非行少年の当事者モデルによるアセスメント

第Ⅱ部　精神／発達障害と非行・犯罪臨床におけるリスク・アセスメント

第1章

非行リスクとしての障害と関連問題

岡本吉生 Yoshio Okamoto
［日本女子大学］

›› はじめに

　第Ⅱ部では主としてリスク・アセスメントの話題が中心だが，非行を結果として扱う司法や矯正の場だけでなく学校などの生活の場で生じる行動として広くとらえる。そのため，アセスメントは非行予測だけでなく非行予防にもヒントを与えるものを明らかにすることを目的とする。

　第1章では，リスクファクターとしての精神障害や発達障害が非行にどう関連するのか周辺概念を念頭にしながら専門家へのアンケートをもとに述べる。関連概念として虐待体験や家庭要因についても触れる。

　第2章では，学校における問題行動といった点から非行をとらえ，ある高等学校における具体的な取り組みを紹介し，問題行動を示す生徒がいかにして司法の場に登場しないで済むようになるかの予防活動を述べる。

　第3章では，14歳未満の触法非行少年の事例をもとに，生物・心理・社会という多層面システムの相互作用を念頭に置いた非行メカニズムをフォーミュレーションモデルとして提示する。

　第4章では，非行のある少年が自らを研究の対象とすることで当事者モデルによるアセスメントの方法を紹介する。リスク・アセスメントがとかく援助者側の一方的な視点（上から目線）からなされやすいことへのアンチテーゼとして期待される。

障害と非行・犯罪

　10年ほど前から未成年者による重大事件の多くに「発達障害」という言葉を聞くことが多くなった。2000年に「人を殺す経験をしたい」といって面識のない主婦を殺害した豊川市の17歳の少年，4歳の幼稚園児を電気店で誘拐し立体駐車場で突き落として殺害した長崎市の12歳の触法少年（2003年），母親に劇物のタリウムを飲ませ殺害しようとした静岡県伊豆の国市の17歳の女子（2005年），JR岡山駅のホームで帰宅途中の岡山県職員の男性を線路に突き落とした大阪府に住む18歳の少年（2008年）。彼らはいずれも広汎性発達障害（Pervasive Developmental Disorder : PDD）もしくはそのカテゴリーの範疇に入るアスペルガー障害（Asperger's Disorder）の診断がなされたことで，にわかに非行と発達障害との関連が注目されるようになった。

　しかしながら，犯罪学の分野では従来から精神障害との関連が話題の中心であり，埼玉県で連続幼女誘拐事件を起こしたMの事件（1989年）や大阪教育大学付属池田小学校に乱入し小学生を殺傷したTの事件（2001年）をはじめ，責任能力の有無を含め精神障害者による犯罪はとりわけ司法精神医学の分野での一貫した対象である。平成21年度の犯罪白書（表1）をみると，殺人や放

表1　精神障害者等による一般刑法犯　検挙人員（罪名別）

罪名	総数	殺人	強盗	傷害・暴行	脅迫	窃盗・詐欺・横領	強姦・強制わいせつ	放火	その他
検挙人員総数(A)	339,752	1,211	2,813	45,543	1,824	252,170	3,170	659	32,362
精神障害者等(B)	2,859	123	52	569	42	1,391	43	94	545
精神障害者	1,288	48	30	256	17	628	26	38	245
精神障害の疑いのある者	1,571	75	22	313	25	763	17	56	300
B/A (%)	0.8	10.2	1.8	1.2	2.3	0.6	1.4	14.3	1.7

注　「精神障害者」は，統合失調症，中毒性精神病，知的障害，精神病質その他の精神疾患を有し，精神保健指定医の診断により医療及び保護の対象となる者をいう。
　　「精神障害の疑いのある者」は，精神保健及び精神障害者福祉に関する法律24条の規定による都道府県知事への通報の対象となる者のうち，精神障害者以外の者をいう。
出典：平成21年度犯罪白書

火といった凶悪事件で精神障害者やその疑いのある者の比率が10％以上にもなり，非常に高い割合になっている。それを受けて，最近では，心神喪失又は心神耗弱の状態で（精神の障害のために善悪の区別がつかないなど，通常の刑事責任を問えない状態のことをいう）殺人，放火等の重大な他害行為を行った人の社会復帰を促進するための医療観察制度が始まった（「心神喪失等の状態で重大な他害行為を行った者の医療及び観察等に関する法律」2006年施行）。裁判所や保護観察所が医療と緊密な連携をとらなければならない分野になっている。

また，知的障害者の犯罪についても話題となっている。最近では，2008年に千葉県東金市で5歳の女児が全裸で殺害されたKによる事件は，性犯罪がらみであることからも世間の耳目を集めた。6～7割にのぼるとされる累犯障害者の高い再犯率は福祉の支援体制の不備や意識の貧困と密接な関係がある。

このように，一概に障害といっても，発達障害，精神障害，知的障害があり，非常に範囲が広く，これらを一度に論じることはかなり無理があるが，障害が非行や犯罪とどう関連するかは意外に明らかでない。それはひとつに，障害の内容によって扱う部局や専門領域が異なっているという事情も関係しているように思う。知的障害者が主として福祉領域の対象者であるのに対して，精神障害者は医療領域の対象者になる。発達障害になると特別支援教育の開始もあり教育問題としても取り上げられる。そこに非行や犯罪という事実が加わると，司法や矯正の領域とも接点を持つ。その意味で，この分野の研究はさらに盛んになされる必要がある。

ところで，非行や犯罪はさまざまな要因が絡み合いながら発生するものであり，その要因がリスクファクターと呼ばれ，そのリスクファクターをどのように判断するかがリスク・アセスメントである。本章では，最初に，非行・犯罪につながる障害として主として発達障害をとりあげ，それと類似した現象として現れやすい被虐待体験や離婚といった家庭環境にも触れる。次に，障害と非行との関連について，学校教師や非行の専門家へのアンケートを実施したので，その結果を紹介するなかで，障害と非行との関連についてのさらなる詳細なデータを示しながら，これらの問題に触れてみたい。

›› 非行のリスクファクターとしての発達障害

　成人犯罪の分野で「障害」というと，従来は精神病圏にある犯罪者が話題の中心であったことはすでに述べた。未成年者の場合は，発達途上にあって加齢による変化の可能性があることから，精神障害のような症状があるときにも発達障害としての診断がなされやすい。とくに最近では，反抗的で粗暴な事件を起こす少年の素因を探ろうとして，注意欠陥多動性障害（AD/HD）と非行を結びつける議論が盛んである。しかし，発達障害の専門家である榊原洋一（2002）は，「心の問題＝キレやすい子ども＝非行という単純な図式を信じている人が多い」と警告する。杉山ら（1999）も，発達障害やその疑いがあるからといって，そのまま非行につながるのではなく，発達障害にみられる社会的知能の問題や社会的スキルの欠如が対人関係場面での齟齬を生み，それが本人の不適応感を増大させ，その結果として非行行動が現れると述べている。

　とはいえ，たとえばアスペルガー障害に特有の「こだわり」がそのまま非行行為になった伊豆の国市の17歳の女子のような場合もあるように，障害と非行との関係を無視して非行理解をすることが困難なほどになっているのも事実である。筆者は，発達障害には不適応を生じる何らかの共通点として，対人場面での心の読み取りや場を認識する能力にやや劣るという特徴が問題になりやすいと考えている。そのことが彼らの適応を妨げ，ひいては自尊心の低下につながるのではないかと考えている。学習障害と広汎性発達障害（自閉性障害，アスペルガー障害）とAD/HDは診断の枠組みこそ異なるが，コミュニケーションのありようからすれば，どれも社会性発達の特異さ・未熟さ，運動（協応）能力のバランスの悪さがあり，さらにAD/HDでは多動性・衝動といった特徴が加わる。これらが「場の空気の読めなさ」「文脈の読み取りの悪さ」「場の雰囲気を壊すような行動化」となるように思われる。つまり，彼らの不適応には状況要因が密接に絡み，その状況要因のなかでもっとも影響性の高いものが家族状況といえる。

▶▶ 被虐待体験

　そのことを示すものに虐待と非行との関係がある。つまり，虐待的な体験を受けた子どもに発達障害と類似した問題行動が現れる。その点についてここで少し触れておく。

　非行少年やその親と面接すると，少年の過去に被虐待体験のエピソード，特に父親から暴力を受けたことがよく語られる。そのエピソードは少年本人から語られることもあれば，本人以上に母親から語られることもある。前者の場合は，自分が非行化したことを他者のせい，社会のせいであると他罰的にとらえているときで，後者の場合は，虐待されてきたことへの恨みがありながら，成長の過程でそれを抑圧し否認してしまうときである。いずれにしても，非行少年は過去の被虐待体験に明に暗に囚われている。

　2003年に国立の児童自立支援施設である武蔵野学園で入所児童（平均年齢13.6歳）の調査を行ったところ，6割に被虐待体験があることが明らかになった。また，広島市児童相談所は触法行為によって一時保護された53例についてさらに詳細に分析している（2000）。暴力系の非行（暴行，恐喝など）のみられた児童と，非暴力系の非行（窃盗，薬物事犯等）のみられた児童とを分け，それぞれについて被虐待体験の関連を調べた。それによると，暴力系の非行では，母親からの情緒的な虐待・ネグレクトが58％，父親からの身体的虐待が36％，父親からの情緒的虐待・ネグレクトが23％，母親からの身体的虐待が8％であった。また，非暴力系の非行では，母親からの情緒的な虐待・ネグレクトが48％，父親からの身体的虐待が24％という結果になった。

　これらの調査から，非行には親からの不適切な扱いが関係し，さらに暴力系・非暴力系の非行を問わず，母親からの情緒的な虐待やネグレクトと父親からの身体的虐待が非行に関連することが推測できる。少し単純化すると，母親からの情緒的な虐待・ネグレクトは基本的安全感の欠如や不安定な愛着関係の形成となり，父親からの身体的虐待は暴力を受けることの被害感や恨みをベースとする歪んだ同一視（攻撃者への同一視）となることを示唆する調査である。

　さらに興味深いのは，児童虐待による心理的影響が発達障害における行動

表2　各種虐待を受けた子どもの心理的問題

身体的虐待	ネグレクト	性的虐待	情緒的虐待
・生活を楽しむ能力の低下 ・精神症状：夜尿・遺尿症，<u>激しいかんしゃく</u>，<u>多動</u>，<u>奇異な行動</u> ・<u>低い自己評価</u> ・<u>学校での学習問題</u> ・引きこもり ・<u>反抗</u> ・過度の警戒 ・強迫的行動 ・擬成熟行為 ・爆発的暴力	・愛情剥奪―感情分離 ・感情の極端な抑圧 ・<u>他者と共感する能力の低下</u> ・<u>暴力</u> ・<u>非行</u> ・一般の知的能力の低下 ・<u>多動</u> ・<u>頑固</u> ・擬成熟	・恐怖あるいは不安 ・抑うつ ・<u>学校での困難</u> ・怒りや憎悪 ・不適切な性的行動 ・家出や非行 ・<u>集中力の低下や空想に耽ることの増加</u> ・<u>自己評価の低下</u>（自分を汚いものと感じる） ・身体への過度の関心 ・身体症状の訴えの増加	・<u>自己評価の低下</u>（愛されておらず，求められておらず，自分には価値がないという感情） ・<u>自己破壊的行動</u> ・抑うつ ・他者の顔色をうかがう ・<u>激しい怒り</u>，<u>憎悪</u>，<u>攻撃性</u> ・孤立しやすい ・不安や恐怖 ・<u>多動や衝動性</u>

注）奥山（1997）を一部改編。下線は筆者による。

特性とよく似ていることである。表2は，奥山（1997）が被虐待体験を持つ子どもの心理的問題を整理したものを筆者が一部改変したものである。表中，先に述べた発達障害の行動と類似するものを下線で示すと，両者にはかなり共通した特徴があることが一目で理解できる。これをどのように考えるべきなのだろう。

おそらく，発達障害と同様に，児童虐待についても被虐待体験そのものが非行として現れるというよりも，被虐待体験をもつ子どもの扱いにくさが虐待的な親と相互関係を持ちながら非行のリスクを高めていくと考えられないだろうか。これは発達障害を持つ子どもの扱いにくさと共通する状況ともいえる。ひょっとすると表2で示される特徴には発達障害としての固有の特徴が混入している恐れがある。

›› 両親の不和と非行

このように考えると，さらにそのほかの成育環境についても考慮しなければ

表3 離婚と子どもの心

発達段階	子どもの心理	適応問題
乳幼児期	肌で感じる不安	情緒不安定，過活動，退行現象，登園拒否など
児童期	不安からの逃避 空想の世界で，父母の和合を願い自分の努力で父母の復縁を実現しようとする 「親の不仲は自分のせい」という自罰的な無力感	下痢，夜尿，チック，爪かみ，虚言癖，強情，反抗的な態度，ひきこもりなど
思春期	争い合う両親に対するネガティブな感情 不満の爆発，衝動的な行動 無気力，無関心，親のことを無視する 切り捨てた親への罪障感 過剰適応	家出，非行，家庭内暴力，引きこもりなど

注）社団法人家庭問題情報センター（2003）をもとに作成。

ならなくなる。その一つとして，両親の不和について触れておきたい。

　親の離婚を経験する子どもは，離婚前の家庭内のいざこざや緊張感，両親間のネガティブな感情のぶつかり合い，予期しない別離，転居による生活の変化，経済不安など，さまざまな危機を体験する。それにともなって，恐れ，不安，困惑，失望，怒り，恨み，悲しみ，別れた親への憧れ，無力感，罪悪感など，大変複雑な感情を抱き，それはしばしばチックや発熱，下痢などの身体症状，学業不振，閉じこもり，過剰適応（よい子）といった身体的・心理的・社会的な不適応となることが少なくない（Ricci, 2006）。

　このような感情やしこりが子どものその後の長い人生に影響することは，離婚後数十年にわたる追跡調査を行ったワラーシュタイン（Wallerstein, 2001）や離婚の危機に直面した夫婦の調停や調査に携わった元家裁調査官らによるハンドブック（社団法人家庭問題情報センター，2003）などからも明らかである。表3はこのハンドブックを参考に，離婚を経験する子どもの発達段階と適応問題の例を整理したものである。思春期の適応問題の中に非行が記されてあるように，離婚といった家庭の緊張がさらに非行のリスクを高める。

　このように，非行はさまざまな要因が複雑に絡んで生じることは周知の通りであるが，本章の後半部分では，再び障害（主に発達障害）の問題に立ち返り，

それと非行との関連性についてアンケートを行った結果を紹介したい[注1]。

≫ 「障害と非行」に関するアンケート

1. 目的

アンケートを実施した目的は，第一に障害と非行との関連を知ることである。また，先に述べた理由で，障害がありながらも非行に至らない事例も多くあるはずだが，それはどのような要素が関係しているのかを探索したいと考えた。

2. 方法

方法は，学校教師（小，中，高，養護教員，特別支援学校）や専門機関の職員が過去に扱った障害のある（あるいはその疑いのある）「気になる子」のうち，もっとも印象的だった事例を一つだけ回想してもらい，その事例の特徴を記述してもらった。子どもの場合，精神障害や発達障害が疑われても正式な診断を受けていない場合も多いため，正式な診断がなくとも障害を類推させるような兆候があれば，それもここでの考察の対象に含めた。

3. アンケートの構成

アンケートは，大きく分けて，回答者の属性，対象とする気になる子どもの範囲・特徴・診断の有無，学校，友人関係，非行行動・問題行動，家庭環境，指導方法，その他という項目群からなっている。

4. 回答者の概要

全回答者数 230 人（男 80 人，女 148 人，不明 2 人），職業は，教員が 116 人（教員 105 人，養護教員 11 人），専門機関職員が 114 人（看護師 4 人，法務教官 4 人，医師 1 人，警察官 1 人，児童自立支援施設職員 50 人，児童相談所職員 20 人，その他児童養護施設職員等 27 人，詳細不明 7 人）である。平均年齢は 43.7 歳で，平均就労年数は 14.8 年である。

[注1] 結果の一部は日本犯罪心理学会第 48 回大会で発表した。

▶▶ 結果の概要と解説

アンケートは多次元から構成されているが，ここでは紙面の関係から，障害（あるいはその疑い）に関する事項と非行行動との関連を中心に示す。

1. 基本事項

回答者が想定した障害（の疑われる）「気になる子」の平均年齢は 11.8 歳で，範囲は小学校高学年から高等学校時の子どもにまでおよぶ。そのうち何らかの医学的診断を受けた事例が 119 事例（51.7％），診断なしが 63 事例（27.4％），不明が 48 事例（20.9％）である。

2. 医学的診断について

対象とした事例を学校教員による回答と専門機関の職員による回答に分けて，診断の有無別をクロス集計したのが表 4 である。専門機関で職員が「気になる子」として頭に描いた事例は，学校での事例に比べて有意に医学的診断を受けていた。これは，専門機関の対象となる事例は，医療的診断を受けなければならないほど非行性や問題性が進んでいること，専門機関にかかる過程で医師による診断を受けるチャンスが増えることを示している。

表 4　教員と専門職が対象とした事例についての診断の有無

	診断の有無			計
	あり	なし	不明	
学校の事例	46	43	27	116
専門機関の事例	68	18	21	107
計	114	61	48	223

注）回答者の職業が不明の 7 事例を除く。（$\chi^2=14.9$, $p<.001$）

医学的診断の内容を示したのが，表 5 である。これを見ると，問題行動を示す「気になる子」とされる診断名は，AD/HD がもっとも多く，次いでアスペルガー障害，知的障害，自閉性障害と続く。また精神障害もわずかに含まれる。回答を求めた教師や専門家が教育や支援の対象とするのが未成年者であることによって，障害の内容の中心が発達障害になったものと思われる。そして，そ

の中でも AD/HD のような行動化の著しい子どもやアスペルガー障害のような特異なこだわりのある子どもに関心が向けられやすいのは，彼らの行動が激しく，目につきやすいためであること，それゆえにすぐに対応しなければ他の子どもにもあまりよい影響を与えないためであろうと予想される。さらに，そのような障害を持つ子どもに対する対応の困難さも関心の集まりやすさに影響しているかもしれない。

表5　診断を受けた「気になる子」に関する障害の内容

自閉性障害	アスペルガー障害	AD/HD	学習障害	素行障害	反抗挑戦性障害
13	26	46	8	10	8
知的障害	気分障害	統合失調症	不安障害	適応障害	人格障害
15	3	4	5	6	2

注）合計146事例だが，一つの事例で複数の診断名を受けているものもある。

3. 医学的診断のない事例

次に，診断をうけなかった事例において「気になる子」像を整理したのが表6である。これを見るとわかるように，対人関係での問題やこだわり，不注意，学習面での困難など，発達障害を想起させる事例が多いのが目立つが，それと同時に，被虐待の可能性を疑う指標を示す事例もかなり多い。また，先に述べたように，感情が表面に出る，いわば派手な事例に関心がおよびやすいこともここで見てとれる。

表6　診断のない事例の特徴的「気になる子」像の内容

対人関係やこだわり等	60	極端なおびえ	7
不注意や多動性，衝動性	67	べたべたとくっつく	13
学習面で著しい困難	47	引きこもりがち	4
自分が叱られていることに気付かない	11	強迫的な行動	17
極端にやせている，または極端に太っている	13	感情の起伏が激しい	71
乱暴な行動または極端に落ち着きがない	52	自信がなく自分の価値を認めない	20
傷，やけど，打撲等のあざが多い	6	一人ぼっちで孤立	14
不潔な衣服	9		

注）数値は事例数を表す。重複回答のため，表の合計と事例総数とは一致しない。

4. 非行について

次に,「気になる子」に実際に非行があった場合の非行の内容を示したものが表7である。万引きや自転車盗,喫煙などの軽微な事件が多いが,中には傷害といった粗暴非行もみられる。非行の有無別でみた障害の内容を示したのが表8である。これをみると,AD/HDと知的障害に非行ありの事例の比率が高いことが分かる(素行障害は診断基準の中に非行行為が含まれているので,当然に非行有りの確率が高くなる)。

表7 非行の内容

	万引	自転車・バイク盗	ひったくり	暴行	恐喝	傷害	薬物	暴走	性非行	喫煙
合計	42	16	1	3	9	20	0	1	12	15

注)数値は事例数を表す

表8 非行の有無と障害の内容

非行	自閉性障害	アスペルガー障害	AD/HD	学習障害	素行障害	反抗挑戦性障害
有	5	8	27	4	8	4
無	7	13	17	4	1	3

非行	知的障害	気分障害	統合失調症	不安障害	適応障害	人格障害
有	9	2	2	2	3	1
無	4	1	2	2	2	1

注)数値は事例数を表す

さらに詳細にみるために,①万引き,自転車・バイク盗,ひったくりを合わせたものを「窃盗事件」とし,さらに,②暴行,恐喝,傷害を合わせたものを「粗暴事件」として,それらの非行種別ごとの障害の内容を集計したものが表9である。これをみると,AD/HD,学習障害,素行障害,知的障害に「窃盗事件」の比率が高く,アスペルガー障害は相対的に「粗暴事件」の比率が高いことがわかる。事件数が限られているので即断することはできないが,AD/HDに粗暴事件以上に窃盗事件の比率が高いことは意外である。

表9　非行の種別と障害の内容

非行	自閉性障害	アスペルガー障害	AD/HD	学習障害	素行障害	反抗挑戦性障害
窃盗事件	0	2	19	4	5	3
粗暴事件	0	3	11	1	2	3

非行	知的障害	気分障害	統合失調症	不安障害	適応障害	人格障害
窃盗事件	6	0	1	2	2	0
粗暴事件	2	0	1	1	1	1

注）数値は事例数を表す

5. 家族の養育態度

最後に，家族の養育態度との関連を示したのが表10である。同じ「気になる子」であっても，非行の有無によって家族の養育態度に違いがあることが明らかになった。つまり，非行群の家庭は，厳格ではなく，放任的で，保護的でない。子どもに障害があることで，一般的には家族はその子に手をかけることになるのだろうが，非行群の家庭では，本来は手のかかる子どもであるにもかかわらず，対応は甘くほったらかし気味で，必要な保護に欠ける傾向があることがうかがえる。

表10　家族の養育態度と非行の有無

	非行行動	N	平均	
厳格	有	72	2.0	**
	無	108	2.4	
放任	有	72	2.9	**
	無	108	2.4	
干渉	有	72	2.2	
	無	106	2.3	
保護	有	72	2.2	**
	無	107	2.6	

注）得点の最小値は1で，最大値は4となる4件法
** ＝ p＜.001（Kruskal Wallisの検定）

6. 障害はあるが非行のない子どもの特徴

このようにみるとわかるが，障害と非行には何らかの関係が示唆されるものの，前半部分でも指摘したように，それは非養育的な環境に育つなど，適切な取り扱いがなされていないことが非行のけん引役になっているということである。

その一方で，障害に関する何らかの医学的診断を受けながらも非行のない事例をみると，いずれも学校において教師による手厚い対応がなされていた。このことはアンケートの中で自由記述として示されていた。

たとえば，担任を中心とする教員の個人的な対応の例として，「単独行動が

多く，グループ活動や係当番活動には全く意欲的に参加しようとする意思が見えなかったため，仕事（今何をすべきか）をきちんと伝え，他児童にも理解してもらい，関わり合う時間を設けるようにした」とか，「クラスの中での決まりをきちんと教え，きちんとそれにそってできればほめる。好ましくない行動は指導する」など，児童生徒と積極的にコミュニケーションを図り，温かみがありながらもきちんとしたルールを教えるような接し方がなされていた。また，「友だちと仲良くしたい本人の気持ちを橋渡しした。本人の良さと周囲全員の良さを共有できるよう，一人ひとりに目を向け，スモールステップでほめた」など，役割意識を喚起し，子どもの自尊心を高める意識的な声かけもなされていた。

　障害を非行との関係でいうとき，われわれはとかく非行を起こした少年の特徴だけからすべてを推論する傾向があるが，ここで紹介したように，予防的な観点から子どもの問題行動に対処することのほうがより大切である。非行に至らなかった事例についてその理由を検討する試みも正確なリスク・アセスメントを行ううえで有益な情報を提供してくれる。

文　献

藤岡淳子：非行の背景としての児童虐待．臨床心理学，1(6)；771-776, 2001．
奥山真紀子：被虐待児の治療とケア．臨床精神医学，26(1)；19-26, 1997．
Ricci, I. : Mom's House, Dad's House for Kids. FIRESIDE, 2006.
榊原洋一：アスペルガー症候群と学習障害．講談社，2002．
杉山登志郎・辻井正次：高機能広汎性発達障害：アスペルガー症候群と高機能自閉症．ブレーン出版，1999．
社団法人家庭問題情報センター：夫婦の危機と養育機能の修復．2003．
Wallerstein, J.S., Blakeslee, S., Lewis, J.M. : The Unexpected Legacy of Divorce. Hyperion, 2000.（早野依子訳：それでも僕らは生きていく：離婚・親の愛を失った25年間の軌跡．PHP研究所，2001）

第Ⅲ部 精神／発達障害と非行・犯罪臨床におけるリスク・アセスメント

第2章

学校における問題行動への対処と非行予防

田邊昭雄 *Akio Tanabe*
小柴孝子 *Takako Koshiba*
［千葉県子どもと親のサポートセンター］

>> 教育困難校における発達障害支援モデル

1. 高等学校における発達障害支援モデル事業について

　文部科学省の指定による「高等学校における発達障害支援モデル事業」は，以下のような主旨の下に実施されている。

　「発達障害者支援法」(平成16年12月10日法律167号)の規定及び特別支援教育の理念に基づいて，高等学校等においても発達障害により学習面や生活面での特別な教育的支援を必要としている生徒に対して適切な指導及び必要な支援を行うことが喫緊の教育課題となっている現状から，発達障害のある生徒への具体的な支援の在り方についての実践的な研究をモデル校において実施し，その研究成果を全国に発信することにより，高等学校等における特別支援教育を推進するとともに，支援の在り方に関する今後の検討に資するということである。

　　2007〜2008年度→14校（国立2校，公立11校，私立1校）
　　2008〜2009年度→11校（公立10校，私立1校）
　　2009〜2010年度→14校（国立1校，公立11校，私立2校）

　研究指定を受けた学校の中では，基本的にどちらをより重視するかによって以下のようなふた筋の道が模索されたようにみえる。

それは,「特別でない特別支援教育」や「ユニバーサルデザインによる特別支援教育」というスローガンを掲げ,生徒集団全体の指導にその理念をどのように具体的に生かしていくかを模索する方向と,個別支援を充実させる方向の二つである。

　研究指定を受けた学校は,いわゆる教育困難校と言われる学校が多かった。これは困難校の抱える問題と発達障害の生徒の状態像が重なってイメージされることが多かったからではないかと思われる。その中で,さまざまな問題行動（状態像）を提示する多くの生徒に対して,個別支援よりも集団指導を模索する方向性が多くの学校で出されてきたのは,ある意味必然的であったかもしれない。

　集団に対して,それを構成するより多くの生徒にスクリーニング的に全体的な指導を行った後,それだけでは指導しきれない生徒に対して個別指導を模索するという筋道が学校から教育センターにリファーする筋道とも重なるものと思われる。その意味で本章では,はじめに「学校におけるユニバーサルデザインによる特別支援教育」について述べ,次いで教育センターによる個別支援について述べることとする。

2．モデル校の実態について

　文科省の研究指定を受けたA高等学校も前述のような方向性を模索した学校であり,多くの困難校がそうであるように,以下のような問題を抱えていた。ちなみにA高校は1学年4クラス160名程度,全校で480名規模の高校である。

1）成績も通学条件も良くない。

　毎年の学力検査の合格者平均得点は県内でも下位にある。そのため基礎学力の定着していない生徒が多く,学習に対する意欲に欠ける生徒も多い。

　また,通学の便は悪く最寄りの駅からは徒歩で25分程度かかるような立地条件である。駅から学校までのバスの便も良いとは言えず生徒は通学条件においても学校の生活スタイルに合わせにくい環境に置かれていることが分かる。それは古賀（2004）も指摘しているように修学の継続を困難にする要因を導き出すことにも繋がっている。

2）生徒と学校の絆は弱い。

表1は学年ごとの年間出席率の推移である。学校改革のために複数の研究指定を受けた2年目の2007年度に初めて90％台の数字が1年生と2年生に現れるが，それまではどの学年も80％台であった。

表1　年間出席率

	2003年度	2004年度	2005年度	2006年度	2007年度	2008年度	2009年度
1学年	89.0	85.5	88.2	89.4	90.6	94.1	94.8
2学年	88.9	88.2	89.2	88.3	90.6	92.0	93.7
3学年	89.1	88.7	89.4	87.6	88.2	91.5	92.7

年間出席率90％といっても，日数でいえば出席すべき日数の1割を学年所属の全生徒が1年間欠席したという数字と同じである。もちろん実際には全欠の生徒も皆勤の生徒もいるので，全員が1割欠席などということはありえない。ただ，90％に満たないということは，それだけの欠席の多さということである。

表2を見てみると，出席率で90％台の数字が現れる2007年度から年間欠席30日以上の生徒が大幅に減少してきていて，この生徒たちの減少が出席率を高めているとみることができる。

表2　年間欠席30日以上の生徒数

	2003年	2004年	2005年	2006年	2007年	2008年	2009年
30日以上の欠席者数	118	122	99	113	80	59	32

次に表3はA高校の1日平均の遅刻者数である。全学年トータルで2003年度に1日およそ109人，2004年度で約86人，2005年度約87人，2006年度約72人，2007年度がおよそ49人で2008年度は40人，2009年度36人と着実に減少傾向を示している。2004年度からはTAC委員会（Try And Challenge委員会：自由参加の学校改革のための委員会）の本格的な活動も始まり，厳しい登校指導も始まるようになった。それまで在籍者の3分の1近くの100人以上が毎日遅刻していたが，翌年から減少傾向を示している。2006年度は複数の研究指定の一つである自己啓発指導重点校の指定を受けて最初の1年生が入学してきた年であり，2008年度は3学年全てが指定後の生徒としてそろった年である。

表3　日平均遅刻者数

	2003年度	2004年度	2005年度	2006年度	2007年度	2008年度	2009年度
1学年	34.2	28.0	37.1	17.5	12.4	12.4	10.7
2学年	31.2	26.5	25.7	29.0	13.5	13.0	11.5
3学年	43.7	31.7	24.4	25.3	22.7	14.8	13.6

　ここで表4の退学者数を見てみると，やはり2007年度あたりから減少傾向を示している。資料にはないが，それまでは在籍生徒に対する退学者数の割合である中退率は15％程度を示していたが，これが大幅に減少してくるのである。

　さらに退学者だけでなく，転学という形で学校を離れた者も含めてトータルで見ても，2008年度からは大幅に減少しているのが分かる。

表4　退学・転学

	2003年度	2004年度	2005年度	2006年度	2007年度	2008年度	2009年度
退学者数	54	64	50	46	36	19	12
転学者数	5	5	6	6	10	9	2

　表5は，生徒指導上の特別指導の件数及び特別指導対象者数の推移である。これを見ると2005年度までは特別指導の件数が毎年40件程度，指導対象者はその倍に近い数となっている。これはひとつのケースで複数の特別指導対象者が出ることが多いということである。また，この表には出て来ないが，内容的にも校内外での暴力的な事件や通学途中の喫煙等が多く見られた。その結果，生徒たちは地域からは歓迎されない状況にあった。地域からの苦情の電話は絶えることがなかった。

表5　特別指導の件数および対象者数の推移

	2003年度	2004年度	2005年度	2006年度	2007年度	2008年度	2009年度
特別指導件数	42	36	36	33	26	11	18
特別指導対象者数	68	65	70	47	54	25	34

　ただ，表5に見られるとおり2006年度からは特別指導対象者数において，

2007年度からは特別指導件数において減少が見られる。

　さらに特別指導の記録をみると，対象となった問題行動の内容に変化がみられる。喫煙等は毎年多いのだが，その他の問題行動について，2005年度と2006年度の内容を比較してみると2006年度の方が比較的軽微な事案が多くなっている傾向がある。2007年度ではさらにその傾向が進んでいる。従来は圧倒的に暴力行為が多かったものが，それは減少して，その分危険行為が多くなっている傾向がみられる。

3. モデル校での実践

　前述のような改革前の生徒像は，自己評価（自尊感情：セルフエスティーム）があまり高くない生徒像と重なる。そうであれば，学校教育のさまざまな活動の中で，生徒の自己評価を少しずつでも高めるような活動が重要となる。それは問題行動を起こすことのない生徒にとっても自分が認められるという点で，非常に有益な活動であると考えられる。

　この自己評価を高めるということを校内で，生徒指導領域にこだわらず，さまざまな領域で共有して，全体の雰囲気にしていくことが重要であろうと考えられた。具体的な実践は以下のようである。

　〈実践〉平成12年度学校独自の「多クラス展開」（四つのホームルーム（HR）（クラス）を五つのHRとして展開した）の試みをベースに，少人数の選択科目の実施やチーム・ティーチング（TT）の実施などで多彩な少人数教育を実施した。**少人数教育**とTTを中心とする指導に学校独自で取り組んだ。

　　その後，県教委や文科省のいくつかの研究指定を受け，予算や人員の確保を図りながら，下記のような生徒への多彩な対応を実施していった。

　①「自己啓発指導重点校」の指定　2006年度指定を受け，1学年のHRを半分に分け複数担任による**少人数教育**の展開で，きめ細かい学習指導・生徒指導を実施した。これによって学校独自で行っていた「多クラス展開」をさらに発展させた少人数教育が可能となった。

　　ここでの少人数教育の特徴は**学習集団**と**生活集団**を共に少人数にしたという点である。

　②「豊かな心をはぐくむ教育実践推進校」の指定　2006年度から指定を受け，

「厳しく，優しく，美しく」をスローガンに規範意識を高めるための「厳しい指導」と自尊感情を高めるための「温かい指導」の融合を目指したきめ細かい丁寧な指導の展開を図った。
③「豊かな体験活動推進事業　地域間交流」の指定　2007年度から指定を受け，沖縄県での民泊における家業の体験活動と山梨県における清掃ボランティア体験活動を中心に実施した。

これらはすでに取り組んでいることの見直しであり，その多くは発達障害の生徒に対しても有効と考えられる。

これらの実践の集大成として研究指定を受けたのが「高等学校における発達障害支援モデル事業」である。従来の取り組みに特別支援教育の観点を加味して発展させていけば，特に新たな取り組みを始めなくても研究事業が実施できるうえ，それまでの教育諸活動のさらなる質の向上を図ることが可能となると考えられた。

④「高等学校における発達障害支援モデル事業」の指定　「豊かな心をはぐくむ教育実践推進校」の指定が終わった後，「厳しく，優しく，美しく」をスローガンとして展開してきた指導を，さらに発展させるために2008年度から指定を受ける。

4．具体的な取り組み

1）モデル事業指定までの取り組み

①「朝の10分間読書」(朝自習）の取り組み　朝のショートホームルーム（SHR）の前後で，多くの学校で生徒指導上大きな成果を上げていた「朝の10分間読書」を実施し，落ち着いた環境の中で一日の学校生活を始められるようにした。その後，この実践は各教科が工夫して基礎的な課題を用意して行う「朝自習」へと引き継がれた。
②漢字検定の受検　全員が受検し，学習に目標を持たせた。検定前の朝自習は漢字検定向けの内容となる。
③学年室体制　各学年の教室をワンフロア（一つの階）に集中し，同じフロアにその学年の学年室を配置し，学年職員が常駐するようにした。

④入室許可カード　遅刻して来た生徒は,まず学年室に寄り担当者からの指導を受ける。その後入室許可カードをもらい,それを授業担当者に提出してから授業に出るという制度を整えた。

⑤問題行動カード　教員から指導を受けた生徒が,教員の指導を拒否した場合に発行される。このカードの累積枚数によって特別指導（停学など）を実施する態勢を整えた。

⑥再登校指導　校門あるいは生徒昇降口前での登校指導において,頭髪・服装等が学校の規程に反している場合に,改善措置を講ずるため,一旦帰宅を促す制度を,他校の実践を参考にしながら取り入れた。

⑦始業前の音楽放送　午前8時から5分間と朝のSHR開始前の午前8時25分から5分間,昼休みが終了し5時間目開始前の午後1時15分から5分間,それぞれ始業の準備や心構えを作るために,全校放送で音楽を流すことにした。

⑧ポートフォリオ的評価の実施　基本的な学習習慣が身についていない生徒が多いため,授業で使用したプリント,課題,作品など必要なものを散乱させず,ファイルに閉じ込んで学習履歴が生徒本人の手元に残るようにした。それを各教科担任が適宜点検し,生徒自身も自分の学習履歴を振り返れるようにした。そのために必要なバインダーは教科予算で全員分を購入した。

⑨授業の導入部分の分かち合い　生徒を惹きつけるための導入部分について,教員同士で実践を公開し合ったり,他校での実践を紹介したりする自由参加の研修会を教員自身が自主的に実施した。

⑩教育相談体制の整備　相談をしやすい環境整備のためのカウンセリングルームの改修とスクールカウンセラーによるカウンセリングを公欠扱い（その時間の授業には出ていないが出席とみなすこと）とした。

⑪インターンシップ　2学年希望者による保育園などの職場体験を夏休みに実施し,就労支援と共に,他者の役に立つという自己有用感を高めるための体験活動とした。

　これらの取り組みは,ともすると厳しい部分だけが強調されがちだが,実際の運用にあたっては④,⑤,⑥などの指導においても生徒と"かかわり""よく話し合う"ということが強調された。

2）その後の取り組み

①修学旅行における民家への宿泊の「ねらい」の書き換え　沖縄への3泊4日の修学旅行において，1泊を民家への宿泊とし，そこの家業を手伝う職業体験と同時に，家族との交流を良き他者関係の形成のためのモデルとした。ここでは従来の体験学習のねらいを下記のように大きく書き換えた。

> 従来の活動のねらい
> ・農業・漁業等の体験活動を通し，社会性を培う。
>
> ⬇書き換え⬇
>
> 点検後の活動のねらい
> ・家業を手伝い他者の役に立つことにより自己有用感を高める。
> ・民泊家族との交流を通じて良き他者関係を築く。

②県立学校開放講座の活用　年間5日程度であるが，休日にカウンセリングや書道などの開放講座（教員・生徒・一般対象）を実施し，他校の教員や地域からの学校への理解を促進するための契機とした。また，カウンセリング関係の講座では生徒本人の自分自身への「気づき」の促進を図った。

③ターゲットスキルの選定とSSEの実施　"Kiss18（Kikuchi's Scale of Social Skills：18items）"や"ハイパーQU（hyper-Questionnaire Utilities）"による生徒の実態把握とターゲットスキルの選定を行ったうえで，担任による各HRでのソーシャルスキル教育（SSE）を実践した。

　ここで重要なのは，単にSSEを実施すればよいということではなく，やはり対象者のニーズに見合ったものをオーダーメイドで提供していくことである。具体的にはA高校の多くの生徒は，自分にとってもっとも必要なスキルとして「上手に断る」という内容の項目を選択した。上手に断れないことでトラブルを引き起こしたり，トラブルに巻き込まれたりして，結局自分が不利益を被るという姿をある意味的確に自覚していたと言える。

　そうであれば，それに応えるスキルを最優先した形でSSEの実施計画を立てるのが当然であろう。

④掲示物の整理　大型プリンターの導入による掲示物の整理。これによってはっきりと見やすい掲示物の作成が行われ，掲示についての工夫もなされた。

3）まとめ

①**ユニバーサルデザインによる特別支援教育**　何か新しいことをしようとするのではなく，今まで行っていた教育実践を，特別支援教育の視点で見直し，より充実させることで，全ての生徒に対して有効な指導・支援を実施していくことが重要である。言いかえればこれがユニバーサルデザインということである（図1）。

今までの取り組み → 見直し → 特別支援教育の視点 → 付加 → すべての生徒に対して有効な指導・支援

（障害の有無にかかわらず……）

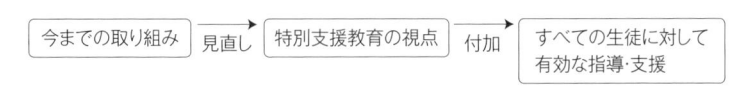

図1　ユニバーサルデザインによる特別支援教育

②**「厳しく，優しく，美しく」**　規範意識を高めるための「厳しい指導」と自尊感情を高めるための「温かい指導」の融合を目指したスローガンである。当然のことであるが，温かさをベースにした厳しさが求められる。基本的には，これが特別指導・遅刻者数・中退者数等の減少に繋がっていった。上田（1997）は，スリランカでのシャーマンの仕事としての「悪魔祓い」

悪魔の眼差し

温かい眼差しの輪

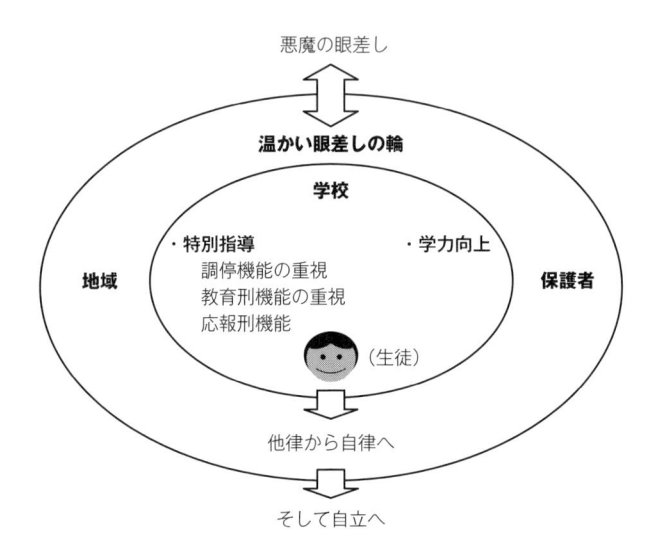

学校

・特別指導
調停機能の重視
教育刑機能の重視
応報刑機能

・学力向上

地域　　保護者

（生徒）

他律から自律へ

そして自立へ

図2　温かい眼差しの輪

について次のように述べている。「ひとはお互いに眼差し眼差されあっている温かい輪の中にいれば悪魔は来ないけれど，その輪から外れてしまうと悪魔が来てしまうのです。だからその人を癒すにはもう一回私たちの輪の中に迎え入れなければならない，それが悪魔祓いなのです」。上田によれば，「孤独なひと」が悪魔憑きになるという。「孤独なひと」にさまざまな形を借りて「悪魔の眼差しが来る」というのだ。「悪魔の眼差し」はさまざまな形を借りてやって来る。しかし，それによって「悪魔憑き」になるかどうかは，悪魔に眼差された人が周囲の「温かい眼差しの輪」から外れてしまった「孤独な人」かどうかが大きな境目となるのだ（図2）。

③研究事業の活用　研究事業を活用することで，自分たち自身の学校現場を自らの手で調査研究するというプラクティショナリー・リサーチの意味合いをその研究に持たせ，教員間における各自の教育実践の「振り返り」と「すり合わせ」の作業を行うことで実践の向上を図ることも重要である。

▶▶ 教育センターにおける子どもの問題行動への対処と非行予防

1．子どもの問題行動の理解のために

1）サポートセンターの相談状況から

子どもの問題行動への対処や非行予防を検討していくためには，子どもの悩みや問題行動を理解する必要がある。そこで，千葉県子どもと親のサポートセンターの教育相談室の相談状況を見ていくことにする。電話相談や来所相談は，年々増える方向で推移している（表6）。

表6　相談方法別相談件数（延べ件数）

	2008年度	2009年度
電話相談	9,360	9,905
来所相談	8,012	8,107

2）電話相談状況から

電話相談の相談内容（表7）からは，子どもの悩みや問題をいくつか挙げることができる。一つ目は，友人関係，親子関係，教師との関係の「対人関係」の問題である。二つ目は，「不登校」の問題である。不登校の背景には，前述

した対人関係や学校・集団生活の不適応，学業不振等が考えられる。最近は，発達障害が疑われる不登校の相談事例が増えている。三つ目は，親子関係，家族関係，経済状況等の「家庭」の問題である。

さらに，相談内容を学校種ごとに追っていくと，子どもの発達と環境との適応問題が見えてくる。小学校では，1番目に，最初の学校生活で直面する友人関係，次に学校・教師関係が挙げられる。中学校では，1番目に，「中1ギャップ」とも言われている生活の変化による不登校，次に子どもの思春期の課題である自立や親との関係を含めた家庭問題が挙げられる。高校生も同じ傾向である。

表7　電話相談の相談状況（2009年）

校種／内容	1	2	3	4
小学生	友人関係	学校・教師関係	不登校	家庭問題
中学生	不登校	家庭問題	学校・教師関係	友人関係
高校生	不登校	家庭問題	学校・教師関係	友人関係

3）来所相談状況から

来所相談（表8）の相談内容では，不登校の相談が一番多くなる。2番目は，生活習慣の乱れ，集団不適応，非行，いじめ等の問題である。3番目は，学習意欲・態度，学業成績になる。学校種を見ても同じ傾向だが，特に小学生男子の場合には，「友だちへの乱暴な行動」「キレると大変」「落ち着きがない」「注意されるとパニックになる」「授業に集中できない」等，発達障害が疑われる相談内容が多くなる。高校生になると3番目に神経症，神経性習癖，摂食障害等の相談が入ってくる。

表8　来所相談の相談状況（2009年）

校種／内容	1	2	3	4
小学生	不登校	性格・行動関係	知能・学業関係	身体・神経関係
中学生	不登校	性格・行動関係	知能・学業関係	身体・神経関係
高校生	不登校	性格・行動関係	身体・神経関係	知能・学業関係

2. 子どもが抱える対人関係の問題

子どもの対人関係の問題は，友人関係，教師との関係として，小学校入学から始まる。そして，相談内容を分析していくと，対人関係の問題は，学年を追って学校種ごとに変化していく様子がわかる（図3）。この問題が，不登校や集団不適応や非行の問題と重なることもある。また，背景に発達障害が疑われる場合もある。両親の離婚や親子関係が影響している場合もある。子どもの問題に，現代社会の大人が抱えている問題が絡み合っていることもある。

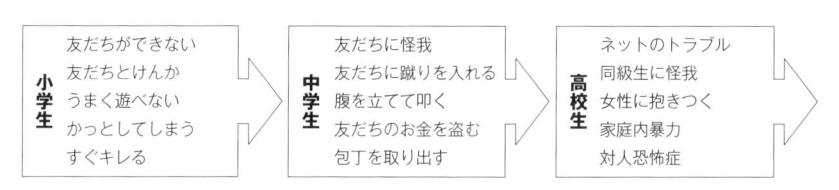

小学生: 友だちができない／友だちとけんか／うまく遊べない／かっとしてしまう／すぐキレる

中学生: 友だちに怪我／友だちに蹴りを入れる／腹を立てて叩く／友だちのお金を盗む／包丁を取り出す

高校生: ネットのトラブル／同級生に怪我／女性に抱きつく／家庭内暴力／対人恐怖症

図3　子どもの「対人関係」の問題の変化

3. 子どもの問題行動の対処と非行防止は，1対1の関係づくりから

子どもの問題行動の背景に共通性を見つけることができても，子ども一人ひとりの問題要因や状態像は違う。問題行動の対処では，まずは一人ひとりの子ども理解のために，1対1の関係を作ることから始める。1対1の関係づくりをしながらカウンセリングを行うことは，非行防止にも繋がる。子どもの対人関

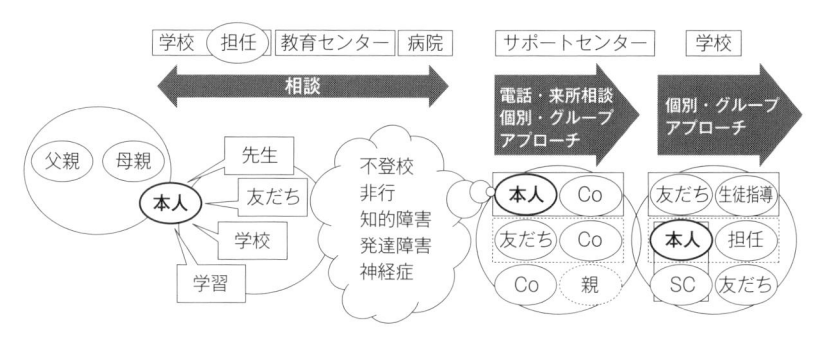

図4　子どもの問題行動の理解から対処までのイメージ

（Coはカウンセラー，SCはスクールカウンセラーの略記）

係の対処では，1対1の個別アプローチから，1対1の組（2人）をいくつか集めたグループ体験等のグループアプローチも必要になる（図4）。

4. 相談事例から見えること

（本事例はプライバシー保護のため，複数の事例をあわせた）

事例：現在小学6年生のA男がサポートセンターに初めて来所したのは，小学校4年生でした。友人との口げんかを担任に注意されると，パニックになり，「どうせ俺が悪いんだ」と言って，3階のベランダから飛び降りようとしたことから，相談に繋がった事例です。

A男は，小さい時から落ち着きがなく，友人を叩いたり，蹴ったりとトラブルが絶えませんでした。小学校入学時から，授業中に集中できず，友人のちょっとした言葉でキレることから，担任から注意を受けることが多く，「何をやってもダメだ」が口癖でした。母親と一緒に相談に現れた時も，大人への不信感が表情から読み取れるほどでした。それからA男と母親には，それぞれのカウンセラーによるカウンセリングが行われました。

A男は自己表現が苦手で，自分の気持ちを言葉にすることができませんでした。そこで遊戯療法やSST（Social Skills Training）を通して，自分の気持ちを言葉で表現できるように援助しました。A男が，「センターに行くのが楽しみだ。わかってくれる人がいる」と母親に語ったのは，5年生になった頃でした。担任も変わったことから，友人とのトラブルが起きた時には，注意より先に，A男の気持ちを聴くことを優先してもらいました。また，母親にも家庭でA男の気持ちを聴くことを心がけてもらいました。6年生も同じ担任になり，A男がキレる回数は少しずつ減り，授業に集中する時間が増えてきました。（図5）

| 何をやってもダメだ | ⇒ | どうせ俺が悪いんだ | ⇒ | わかってくれる人がいる | ⇒ | ○○をやってみよう |

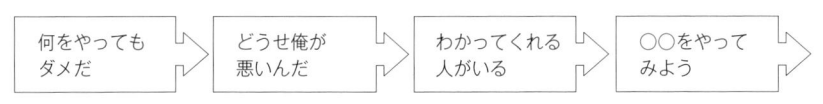

図5　A男の心理的変化

子どもの問題行動への対処や非行防止のためには，子どもの心理的成長に繋がる援助が求められる。さらに子どもに「自分の気持ちをわかってもらえた」

という体験をさせたいと願って働きかけることが大切である。

文　献

上田紀行：覚醒のネットワーク：こころを深層から癒す．講談社 a 文庫，1997．

古賀正義：学校現場の知とエスノグラフィーの実践．（古賀正義編著）学校のエスノグラフィー：事例研究から見た高校教育の内側．嵯峨野書院，2004．

牧伸裕：高等学校での学級単位のソーシャルスキル教育．（鳥居深雪編著）思春期からの特別支援教育．明治図書，2010．

第Ⅱ部　精神／発達障害と非行・犯罪臨床におけるリスク・アセスメント

第3章

触法・低年齢少年の非行の特徴
――事例のメタ分析によるケースフォーミュレーションのモデル化

坂野剛崇 Yoshitaka Sakano
[名古屋家庭裁判所]

>> はじめに

　年齢別の非行少年率（少年の一般刑法犯検挙（補導）人員の人口比）は，1972年生ではピークが14歳であったのが，1990年生では15，16歳がピークとなっている（法務省法務総合研究所，2010）。また，触法少年[注1]の補導人員（刑法）は，2000年約20.5万人であったのが，2009年には18.0万人と，この10年間で約88％に減少している（警察庁，2010）。

　しかし，2009年の触法少年の補導人員は，2008年までの約10年間は，減少していたものが，増加に転じている（警察庁，2010）。また，文部科学省（2010）によれば，小学生，中学生による暴力行為の件数（学校内外での発生件数）は，2006年の34,387件から，2009年の50,830件と約1.5倍に増えている。特に，小学生では，3,803件から7,115件と約1.9倍に急増していることがうかがえる。これら暴力行為については，被害者が病院で治療を受けた件数は，2009年は，前年に比べて20％以上増加している。

　これらの状況をみると，非行については，低年齢化しているとは必ずしも言い難いが，今後，触法・低年齢の少年による非行が粗暴事件を中心に増加傾向

[注1] 少年法は，非行少年を犯罪少年，ぐ犯少年，触法少年の三つに分類している（少年法3条）。このうちの触法少年とは，刑罰法令に触れる行為をした14歳未満の少年少女のことである。

を示す懸念が認められる。また，暴力の程度も大きくなっていることがうかがえ，内容が悪質化することも考えられる。これまで小学生や中学生といった子どもたちが起こした非行には，殺人や傷害致死といった世間の耳目を集める重大な事件も少なくなく，これらの非行を起こした子どもたちの問題を"心の闇"と，その特異性を強調して他人事にしておけるものではない。触法・低年齢少年の非行の問題は，子どもに関わる大人に突きつけられた大きな社会問題の一つといえる。

また，特に触法少年については，少年非行に関わる機関や専門職にとって，最近の重要なトピックの一つとなっている。触法少年に関しては，2007年の少年法改正で，①警察に触法少年に対する強制調査を含む調査権限を認め，そのうち重大事件については，警察から児童相談所への送致および児童相談所等から家庭裁判所への送致を原則として義務付け，②「特に必要と認める場合」に限定するものの，初等・医療少年院の収容年齢下限を「おおむね12歳」に引き下げることとした。この改正により，11歳——小学5年生——の少年の入所が可能となった。これは，非行少年の処遇を決定する家庭裁判所にとっては，処遇の選択の幅が広がったこと，処遇機関である少年院にとっては，処遇の内容を再検討する必要が生じたことにつながった。そのため，触法少年に関わる機関や専門職は，これまで以上に的確なアセスメントとそれに基づく指導・教育が求められることになった。

そこで本章では，このような実情を踏まえ，触法少年および低年齢の非行少年に対する適切な指導，教育の指針を見出す前提として，触法・低年齢少年の非行を分析し，その特徴を整理してみたい。

▶▶ 分析の対象とした事例・分析方法

分析の対象としたのは，1990年1月1日から2009年12月31日までの20年間に「家庭裁判月報」（最高裁判所事務総局編）に掲載された審判例のうち，事案の内容が比較的詳細に記載されている12事例である。各事例の概要は，表1のとおりである。

これらの事例について，質的研究法の一つである「事例のメタ分析」を援用

第Ⅱ部
精神／発達障害と非行・犯罪臨床における
リスク・アセスメント

表 1　分析対象事例の概要

No.	非行名	その他の問題行動	性別	年齢	非行の概要
1	窃盗	シンナー, 恐喝, 万引	男	13	同級生 2 人及び弟（1歳下）と 4 人で, 乗り回して遊ぶために, 駐輪場から原付バイク 1 台を盗んだ。過去に児童相談所の在宅指導があった。[42 (11)]
2	ぐ犯, 窃盗	火遊び, 器物損壊	男	14	児童自立支援施設から無断外出して, その間に, 食費や遊興費欲しさに神社から賽銭を盗んだ。以前, 空き家での火遊び, 賽銭盗などのため, 児童相談所の措置により児童自立支援施設に入所した経歴がある。[50 (2)]
3	傷害	無免許運転	男	14	無視されたことに腹を立て, 手拳や角材, 鉄の棒で, 頭や顔などを殴り, 頭部・顔面打撲, 頭部挫傷など, 全治約 1 カ月の怪我を負わせた。[50 (6)]
4	放火	窃盗	男	13	本件の 2 日ほど前に, 通学している中学校での出来事を思い出し, いらいらしたという理由で近所の家の車庫にあった物などに火をつけて焼失させ, 小学校時に 2 回, 児童自立支援施設に入所したことがある。[51 (2)]
5	器物損壊, 傷害, 盗品譲受, 窃盗	万引, シンナー, 暴走族, 自傷行為（リストカット, 睡眠薬）	女	13	中学校内で, 花火を所持していたことを注意されて腹を立て, 窓ガラスを割るなどした。また, 態度が悪いと因縁をつけて 1 学年下の女子中学生に殴るなどの暴行を加えて, 怪我をさせた。他に, 友人が盗んだ原付バイクを窃盗したものと知りながら譲り受けたり, デパートから化粧品を万引きしたりした。中学 1 年時に児童相談所で指導を受けていた。[52 (6)]
6	ぐ犯	暴言, 暴力, 威嚇, 強要	男	12	他人の家から金品を盗んだり, 駐輪中の他人の原付バイクを勝手に持ち出したりした。また, 中学校内では, 他の生徒に暴言, 暴力, 威嚇, 金品の強要をたびたび行っていた。さらに, それらに対して注意してきた教員に暴言を吐いたり, 威嚇したりした上で, 暴行を加えて負傷させた。[53 (6)]
7	器物損壊, 現住建造物等放火		男	12	物の燃え方に興味をもった, 上級生にからかわれたことによる不快感を紛らわせるためという理由で, 近所の家の玄関先のほうきにライターで点火して焼失した。また, 軒先にあった段ボールに点火して 1 棟を全焼させた。児童相談所の一時保護所から無断外出中に起こした。[54 (7)]
8	現住建造物等放火, 同未遂		男	13	以前からよい感情を持っていなかった同級生の自宅を焼損させようとして何度か放火を繰り返した。灯油を撒いたこともあった。しかし, 壁を焦がしたり, 点火した竹棒やポリバケツを焼損させたりするにとどまり, 未遂に終わった。[56 (11)]
9	窃盗	家出, 売春, 自傷行為	女	14	スーパーから, 実母と一緒に日用品を万引きした。[58 (5)]
10	傷害	家出	男	13	勉強のことなどを注意され, 疎ましく思っていた実母をバットで殴り, 頭部などに怪我を負わせた。[59 (3)]
11	現住建造物等放火		男	13	当時入所していた児童自立支援施設を無断外出し, 実母に連絡したところ, 実母から怒られ, 自宅に帰れなくなったことのいらいらした気分を解消しようとして, 大型店舗を焼損させようと, 陳列されていた商品にライターで火をつけたが焼損させるにとどまった。小学 3 年時に児童自立支援施設に入所したことがあり, 中学 1 年時もぐ犯により, 家裁の決定で児童自立支援施設に入所したことがある。[61 (2)]
12	窃盗, 暴行, 遺失物等横領, 暴力行為		男	12	盗まれて路上に置き去りにされていた自転車を勝手に持ち出した。また, 駐輪場で他人の自転車から部品を盗んだ。実母と口論になり, 怒号しながら所持していた鎌を突き付け, 怪我させる気勢を示して脅迫した。また, 学校では, 注意を受けたことに腹を立てて, 教員に殴る蹴るの暴行を加えた。児童相談所で継続的な指導を受けていた。[61 (11)]

※「非行の概要」欄の [　] 内は「家庭裁判月報」の掲載巻号

して，①動機や態様などの非行行為とその他の問題行動，②非行を起こした少年自身，③家庭環境，④学校や交友関係などの社会生活を指標に事例に分析を加え，特徴を整理する。

①〜④を指標としたのは，非行は「反」がつくものの，個人と環境との交互作用として生起した「社会的行為」の一つであり，非行のメカニズムを解明し，非行少年の更生の指導や教育の指針を見出すためには，非行を，生物的要因－心理的要因－社会的要因（bio-psycho-social）というシステム上の不適切な機能の問題と捉えるシステム論による視点からの多角的なアセスメント（坂野，2008）が不可欠であることによる。

▶▶ 分析結果

1. 非行行為・問題行動

1）事件種と性別

分析の対象とした事件の概要の特徴は，表2のとおりである。

表2 分析対象事件の非行種別・年齢別・性別人数

非行種 \ 年齢	12歳 男	12歳 女	13歳 男	13歳 女	14歳 男	14歳 女	計
財　産	1	0	1	0	1	1	4
粗　暴	1	0	1	1	1	0	4
放　火	1	0	3	0	0	0	4
計	3	0	5	1	2	1	12
	3		6		3		

非行の内容（非行やぐ犯の内容が複数ある場合には，主たる非行，ぐ犯の内容をもとに分類した）は，窃盗などの「財産非行」が4事例（男3，女1），暴行や傷害などの「粗暴非行」が4事例（男3，女1），「放火」（未遂を含む）が4事例（男4，女0）であった。性別は，男子が10人，女子が2人，年齢別では，12歳が3人，13歳が6人，14歳が3人であった。また，本件非行が起きた時期は，中学1年1学期が4人ともっとも多く，次いで中学2年2学期が3人，中学1年3学期が2

人，中学 1 年 2 学期，中学 2 年 1 学期，中学 3 年 1 学期が各 1 人であった（表 3）。

表3　本件非行を起こした時期別人数

本件非行の時期		財産	粗暴	放火	計
中学 1 年	1 学期	1	1	2	4
	2 学期			1	1
	3 学期	1		1	2
中学 2 年	1 学期		1		1
	2 学期	1	2		3
中学 3 年	1 学期	1			1

　非行が起きた時期は，小学校から中学校に進学して間もない時期である事例がもっとも多く，また，施設を退所して自宅に戻って日が浅い時期という事例（No.2，4）もあり，生活環境の変化が影響している可能性が示唆された。

　2）動機，態様

　次に，動機や被害者との関係など，非行の具体的な態様をみていく。

　非行の動機は，非行種別に特徴がみられた。

　財産非行では，家出中の生活費欲しさ（No.2），生活の困窮による生活用品の万引き（No.9）といった即物的な動機によるものがあった。また，遊興費や遊興の道具として原動機付自転車を盗むといった不良交友が背景にあるもの（No.1）もあった。

　粗暴非行では，「同級生に無視されたことに立腹した」（No.3），「態度が悪いと下級生に因縁をつけた」（No.5），「保護者から勉強するように指導されていたことを日頃から不快に思っていた」（No.10），「学校教諭らに授業をサボっていたことを注意された。母と口論になった」（No.12）ということが動機であった。被害者は，いずれも日常生活において関わりがある者で，非行の端緒は，それら被害者との日常的なやりとりの中での諍いであった。この動機は，他の非行と比べて必ずしも特徴的とは言えないが，諍いの程度と非行行為の結びつきの短絡さについては，パーソナリティ等の要因の特徴も含めた検討が必要である。

　放火では，その非行の内容は，「非行の数日前に学校でのいらいらした出来

事を思い出して，そのうっぷんを晴らすために，近所の家屋にライターで火をつけた」(No.4)，「上級生にからかわれたことによる不快感を紛らわせようとして近所の家の玄関に立てかけてあったほうきにライターで火をつけるなどの行為をくり返した」(No.7)，「同級生から陰口を叩かれたり，のけ者にされ続けていたことへの不満から，その同級生の自宅の玄関にあったダンボールにマッチで火をつけた」(No.8)，「本件時入所していた児童自立支援施設から無断外泊し，母と連絡をとったところ，母から施設に戻るように諭されたことでいらいらし，それを解消しようとして，大型店舗の商品に火をつけた」(No.11)というものであった。

　動機は，いずれも「うっぷん」「不快感」「不満」「いらいら」と表わされているような，少年本人が情緒的に未分化なままに感じている不快感の解消であった。被害の対象は，その不快感をもたらした者と直接関係したのは1事例で，他の3事例は直接の関係はなかった。放火は，特定の相手への攻撃ということの他に，不快な感情の発散が主たる動機となっている場合があり，直接対象に感情や態度を表明しないことが特徴の一つであると考えられる。なお，No.7では，動機の一つとして「火や放火行為に深い興味を示していた」とあり，行為自体が直接的な目的となることがあると指摘できる。

　また，非行種を問わず，非行場所が日常的な生活領域であることが共通していた。

3）本件以外の問題行動

　本件非行の以前に問題行動があった者は，12人中10人であり，問題行動が始まった時期は，小学校高学年が7人ともっとも多かった（表4）。

表4　問題行動がみられ始めた時期

時期	人数
小学校低学年	2
小学校5，6年	7
中学1年1学期	1
なし	2

　財産非行，粗暴非行には，家出や暴力行為，恐喝行為，無免許運転，有機溶

剤の乱用がみられた。また，女子少年には，家出や売春行為があった。財産非行，粗暴非行の少年の問題行動は多岐にわたっており，非行深度は本件までに相当程度進んでいたといえる。一方，放火では，4事例中2事例（No.4, 11）に小学校低学年時から問題行動がみられた。

2事例とも過去にも放火行為があり，放火には反復性がある可能性がうかがわれた。他方，本件以前に問題行動が認められていない2事例（No.7, 8）は，他に問題行動がなく，本件の放火は，いわば，「突然」惹起されたことになる。本件の「放火」という行為については，それぞれ，「テレビ番組をみて」，「家出中に立ち寄った。いわゆる雑貨店に陳列されているライターが目に止まって」，思いついたとしており，身近なことを契機に短絡的に行動に移していることが指摘できる。

2．少年自身の特徴
1）生物学的要因

生物学的要因として，12事例中8事例に何らかの器質的な問題が指摘されていた。うち3事例は医療的な措置が必要と指摘されており，No.9では，抑うつ感，希死願望などが見られ，医療保護入院が必要と指摘され，事例5では，鑑別所に入所中に医師により「揮発性有機溶剤（シンナー）使用による精神病性障害」と診断されていた。また，No.4は，「重度の脳波異常の障害」があり，薬物治療が必要と指摘され，No.8は，知能指数が60台前半（13歳で，小学2年生程度の知的能力）で軽度の精神遅滞と指摘されていた。

発達障害のパースペクティブでの問題が指摘されていたのは4事例あり，No.10は，少年鑑別所が行った鑑別結果において，「広汎性発達障害の疑い」が指摘され，No.7は，「アスペルガー症候群」と共通する傾向がみられた。No.11も，素行障害と診断される可能性が高いとしながらも「アスペルガー障害」の疑いを否定できないとされていた。また，No.2は，明記されてはいないが，学習意欲にムラがある，集中力が欠如していると「学習障害」が疑われるエピソードが記載されていた。

藤川（2008）は，広汎性発達障害と非行との関連について，「本人の資質のみが原因で非行が起こされたとは考えにくい。二次的に起きた被害体験，いじ

められた経験が攻撃的な素地を作っていた可能性が高い」,「発達障害等の器質的問題そのものが非行に直接的な要因となるわけではないが,その資質的な脆弱さゆえに,からかわれたり,無視されたりするいじめの被害にあったり,それを適切に表出して癒され回復することが起こりにくく,怒りや屈辱感が蓄積され,それが行動化されて非行に至る」という見解を示している。今回分析対象とした事例の生物的要因（基盤）の問題については,パーソナリティや行動傾向の形成,そして,非行行為への影響に関して,家庭や交友など周囲との相互作用の関連で,改めて検討していく必要がある。

2) 心理的要因（パーソナリティ）

パーソナリティについては,比較的多くの事例で指摘されていたのは,「衝動的,短絡的」,あるいは,「自己統制力の弱さ」であった（計6事例）。また「欲求不満耐性が低い」と指摘されていたものが4事例あり,「孤立感,被害感が強い」「不安,不満を高めやすい」という事例,「共感性が乏しい」「自己中心的」と指摘されていた事例,「自尊心,自己肯定感が低い」という事例が3事例ずつあった（重複あり）。また,対人関係に関しては,「不信感が強い」「適切な対人関係を持ちにくい」と指摘されていたものが3事例あった。

このような結果から,行動傾向の特徴として感情のコントロールが悪く,また,葛藤的な感情を抱えることができにくいために,適切な感情表出ができず,衝動的に行動しがちな傾向が認められるといえよう。また,適切な感情表出ができないことで適切な対人関係をとれず,さらには「欲求不満耐性が乏しい」こともあって,対人トラブルを起こしやすくなっていると考えられる。

また,「自尊心,自己肯定感が低い」「不安,不満を高めやすい」という傾向は,実際の社会生活において対人関係上うまくいかないことに基因して形成されているところがあると考えられ,このことが対人関係の持ち方に支障を来たし,社会適応を一層悪くするという悪循環を形成していると考えられる。

これらのパーソナリティの特徴については,前述したように発達障害の疑いのある少年が少なからず含まれていることを考えると,ウィング（Wing, L., 1981）が広汎性発達障害の「欠陥の三つ組」と指摘した,社会的相互作用,コミュニケーション,想像的活動の欠陥や,それに基因する行動特性の可能性がある。

3. 社会的要因

1）家庭環境

①**家族構成**：ひとり親家庭が7事例で，そのいずれも監護者は母で，うち同胞の存在が明らかなものは1事例であり，他は，母と二人暮らしであった。また，父母と少年本人の3人暮らしであるものが2事例，祖父母等親族が同居しているものが2事例であった（1事例は，家族構成に関する記載がない）。

家庭環境については，外形的な特徴だけではその特徴を分析できず，家族の関係性――監護者の監護態度や家族成員同士の関係のあり方――が大きく影響すると考えられる。そこで次にこの点をみていく。

②**保護者の監護態度**：監護態度については，放任と指摘されたものが6事例あり，うち3事例は，放任の一方で体罰があったとされていた。体罰が認められた事例には，少年が「両親に対してはもっぱら『怖い』という意識しか持てていない」と指摘されたものもあった（No.10）。他には，少年と保護者の関係が密着している，過保護と指摘されているものが3事例あった。中には，母子で協力して窃盗（万引き）を行った事例もあった（No.9）。

父母や，母と祖父母など，複数の監護者がいる事例では，一方が厳しく躾をするが，他方が過保護にする（No.10），また，一方が体罰をくり返すが，他方は，放任で体罰を止めることがない（No.6）というように，家庭内で監護態勢が一貫していない，あるいは，矛盾した態度になっているというものもみられた。また，保護者の就労や心身の状態の都合で，監護者が頻繁に変わるという監護環境が不安定な事例もあった（No.5）。

さらに，少年が親に「普段の生活においても喫煙を注意するどころか少年のために煙草を切らさないように気を配るなど機嫌を損ねないようにするだけ」と，すでに少年と保護者との力関係が逆転し，保護者が少年に従属的になっている事例（No.3），監護者が精神疾患に罹患していることで監護能力自体に問題がある事例（No.12）もあった。

保護者（監護者）の養育態度をみると，経済生活の維持のために夜間就労するという事情で，結果として放任にならざるを得なかったり，保護者自身に精神疾患等があることで親子の「情緒的なかかわりが乏しい」ことや，体罰や，過保護・過干渉，あるいは，子どもに対して従属的といった「不適切なかかわ

り」がされていたり，普段は放任である一方で体罰があるといった「一貫性の乏しい，矛盾したかかわり」になっていることがうかがえた。いずれにしても，「不適切な監護」であったことが読み取れる。

　③家族関係：少年と保護者との関係という点では，保護者が少年を誘って万引きを行ったり（No.9），父親が中学校に対する不信感が強く，学校批判を行うことで少年も学校に対して批判的，反抗的になったりした（No.4，No.7）というように，保護者自身の反社会的行動・態度に少年が無批判に同調して反社会的な構えを身につけていた事例があった。

　その一方で，母が自殺を図ったことから少年が精神的に不安定になって問題行動をくり返すようになった事例（No.5）や，養育者である母が仕事で帰宅が遅いことを不満に思いながらも，口にすることができず，感情を抑制してきた事例（No.8），入所していた施設を無断外泊した際に頼った母に拒否されたことが非行の引き金になった事例（No.11）があった。また，兄の事故死，母の流産が心理的な外傷体験となっていると指摘されている事例（No.12）もあった。これらの事例は，保護者とのかかわりを希求したが，満たされないことが影響しているといえる。

　前段，後段のいずれの場合も親子関係のあり方が少年の心情や行動に大きく影響していることがうかがえる。

2）生活環境

　分析対象事例の少年は，いずれも義務教育中であった。触法・低年齢の非行少年に限らず児童，生徒にとっては，学校生活の影響は大きい。そこで，少年と生活環境との関係について，学校生活と交友関係を指標にみていく。

　①学校生活：学校への適応状況をみると，不登校と認められたものが4事例あった。また，登校が認められたのは5事例あったが，いずれの事例も遅刻や無断欠席など怠学傾向が認められた。また，学校内で教員や他の生徒とトラブルや学校の設備を壊すといった問題行動がみられた。就学状況に特に問題が指摘されていないものが3事例あったが，いずれも学業成績は不良であった。中には，学校では，非常にまじめで努力家であると評価されているが，知的能力の問題から友人関係を持ちにくかったり，学業不振が続いたりして不適応感を抱いていたと指摘された事例もあった（No. 8）。

②交友関係：親しい友人がいるものが5事例あったが，いずれの事例でも友人は不良仲間に限られていた。友人らしい友人が全くおらず，問題行動を起こすときも単独というものが3事例あった。また，本件非行の頃に同級生や上級生からいじめの対象となっていたものが2事例あり，小学時など過去のいじめも含めると，いじめられた経験を持つものは，4事例あった。

学校や交友関係以外の生活環境に関して記載のある事例はなく，触法少年は，家庭，学校といったごく限られた生活領域の中で不適応を起こし，あるいは，不適応感を抱きながら生活していると理解できる。そのために，限られた生活領域の影響を受けやすいと同時に，他に回避したり逃避したりする領域を持てず，いったん不適応を起こすと逃れにくい状況にあると考えられる。

›› 触法・低年齢少年による非行のフォーミュレーションモデル

ここまで，触法事件12事例について，少年個人，家庭，社会環境の各要因，非行行為を指標にして分析し，その特徴を整理してきた。しかし，瀬川（1998）は，「具体的な犯罪事象を複数の要因に分解し，それぞれの要因を個別に把握するだけでは犯罪がなぜ起こったのかを説明することはできない。むしろ，個々の要因に分解するたびに，犯罪の本質は失われていく可能性すらある」という。また，「犯罪は，個々の犯罪要因の単純な足し算ではなく，いくつもの要因が複雑に絡み合い，相互作用の中で増幅された結果」であり，「非行行為が生起された理由を解明するためには，個々の犯罪要因を考察すると同時に，複数の犯罪要因の相互作用を検討するマクロの視点が不可欠である」と述べる。

そこで，ここでは，事例を分析して見出された生物的，心理的，社会的各要因の交互作用を検討し，触法少年による非行が生起されるメカニズムをフォーミュレートして，モデル的に提示してみたい。

その結果は，図1のとおりである。以下では，この図に基づいて，触法・低年齢少年の非行のメカニズムについて考察する。

1. 生物的基盤の問題と監護態度

幼少時，保護者の監護態度が，放任や監護方針・態度の矛盾や不一致があっ

第3章
触法・低年齢少年の非行の特徴
——事例のメタ分析によるケースフォーミュレーションのモデル化

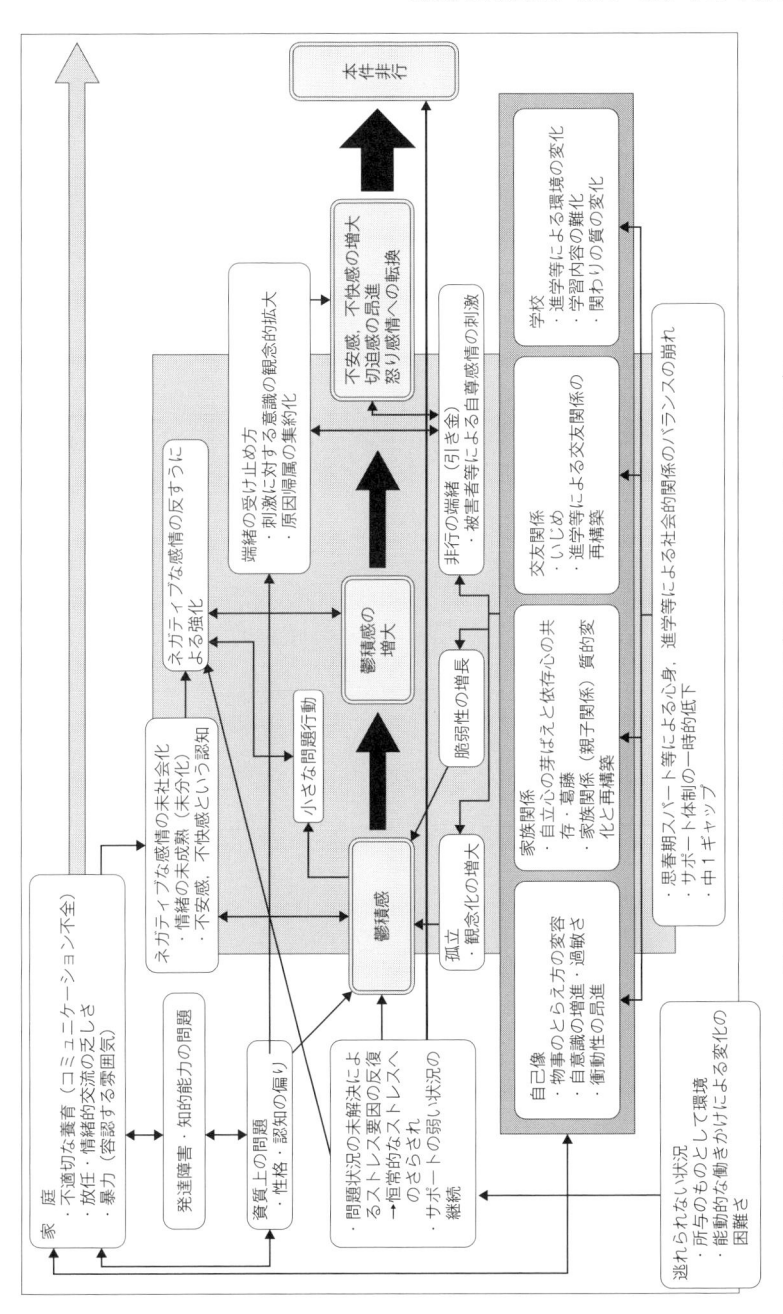

図1 触法・低年齢少年の非行メカニズムのフォーミュレーションモデル

107

たり，体罰があったりして，適切に監護されないことで，情緒が十分に分化されなかったり，パーソナリティや認知パターンに歪みが生じやすくなったりする。特に，不快感などネガティブな感情の社会化（大河原，2006）がされないため，適切な感情表出ができにくくなる。また，対人関係の能力やスキルも十分に身につかず，他者とのコミュニケーションも適切に取りにくい。特に，発達障害や脳の器質的障害といった器質的な脆弱性がある場合には，保護者の少年の問題への認識不足によって，少年が「育てにくい子」とされて，不適切な監護が強まり，少年の問題性が手当てされにくくなる。

2. 学童期の課題と問題の拡大

このような少年は，学童期においても，友人関係を持ちにくいことで，孤立感を深め，学校に対して不適応感を抱きがちになる。

学童期後半は，安定した親子関係からの離脱（自立）をめざし始める時期といわれる。この時期，自立しようとすると淋しさが，安定に留まれば，空しさが生まれ，前進も後退もできない「前青年期ドルドラム」の時期にあり，その状況から脱出するルートとして，同性同輩集団への参加（ギャング・エイジ）があるといわれる（牛島・福井，1980）。しかし，非行を起こす少年たちは，コミュニケーションの未熟さや，不適応感の強さによって，同級生とのかかわりに消極的になりがちである。それにより，この時期の発達課題である「自立」に向かいにくくなる。また，社会性の発達も不十分なままに留まりがちとなる。また，周囲からいじめのターゲットとされることも少なくなく，その場合，被害的な体験もあって，集団生活，学校生活から心理的に撤退し，孤立感を深め，発達がいっそう阻害されることもある。

3. 思春期をめぐる状況

思春期を迎える非行少年の理解にあたって，まずは，「思春期」について，アセスメントに必要な範囲で整理しておく。

1）子どもの状況

「思春期（puberty）」は，第二次性徴の発現によって始まり，長骨骨端線の閉鎖をもって終結する。この時期の身長・体重といった身体の量的な変化と性

徴の発現という質的な変化は，子どもから大人への移行過程であり，性の成熟と身体イメージをまとめ上げて，アイデンティティを確立していく段階である。この時期については，ブロス（Blos, P., 1962）は，「第二の分離－個体化過程（secondary separation-individuation process）」と呼び，エリクソン（Erikson, E. H., 1959）は，「心理・性的モラトリアム（psycho-social moratorium）」と呼んだ。この時期の子どもたちにとって，成熟による身体的な自己像の変容の体験は，自分自身への関心を否応なく迫り，子どもたちは，自分の身体への違和感や困惑，気遣いから自己意識が過剰になる。と同時に他者の評価に対しても過敏になる。このような体験を迫られることが，パーソナリティ（情緒，思考，認知，行動等）に深刻な変容をもたらす。そのため，この時期の子どもたちは，反抗や反発，攻撃性の増大，あるいは，自己愛的な引きこもりや身体症状など精神病理や社会病理の発生の基盤を提出しやすくなる（乾，2009）。

また，思春期が到来する時期は，一般に男子に比べて女子は 2 年ほど早いといわれている。また,同性同士であっても個人差が大きいともいわれている(加藤，1984）。すなわち，この時期，小学校高学年や中学校では，同じ学年，同じクラスにすでに思春期を迎えた児童・生徒と，そうでない児童・生徒，すなわち，発達段階の異なる者同士が混在していることになる。

2）保護者の状況

中釜（2008）によれば，思春期の子どもの親の多くは，「中年期」の発達段階にあり，親自身が「来し方を振り返りながら"もう若くない""人生の後半戦""変化を受け容れざるをえない"といった思秋期ならではの喪失感に揺さぶられている時期にある」という。そして，この時期の家族の特徴は，「それぞれの揺らぎを抱えている親と子で構成されている『移行期の家族』であること」と述べている。また，保坂（1998）は，子どもの思春期について，最近，成長加速現象がみられたことで，親と子で第二次性徴を迎えた時期に時間的ラグが生じ，親が第二次性徴を迎えた自分の子どもの心理状態を見誤りやすくなっていると指摘している。

3）思春期の子どもをめぐる環境──中 1 ギャップ──

思春期の時期は，小学校から中学校へ進学するという環境面での大きな変化がもたらされ，このことがさまざまな問題行動につながる。新潟県教育委

員会（2005）によれば，中学での学校生活は，小学校でのそれとは異なり，「学級担任制からから教科担任制へと変化し，生徒と教員との関係が弱くなる」，「学習内容が高度になり進度も速くなる」，「学校の規模が大きくなったり，複数の小学校から新入生が入学する場合には交友関係を組み直す必要が生じる」，「部活動への参加も始まり，厳しい練習や上級生との関係といったことにも直面する」といった変化が急激にもたらされるという。そして，そのことで，「親しい友人や教員の支えがなくなる」，「学習や部活動についていけない」，「周囲から認めてもらえない」，「新しい人間関係をうまく作れない」，「理想と現実の自己の違いに悩む」といったことを理由に自己有用感を喪失し，不安や不満，ストレスを高めて，いじめや不登校などのさまざまな不適応，問題行動を顕在化させやすくなるという（なお，新潟県教育委員会（2005）は，このような現象を「中1ギャップ」と名づけている）。

ここまで述べてきたように，思春期の子どもたちは，発達課題に伴う自己，親子関係，社会生活（人間関係）といったいずれの局面についても再構築を迫られる状況にあるといえる。

4. 思春期という背景と非行の表出

思春期に非行に至った少年たちは，生物的基盤の脆弱性に基因する問題や，それに対する監護の不適切さによって，それまでの発達課題が十分に達成されないままの場合がある。そして，思春期においては，そのために生じている認知や思考，行動傾向に歪みが顕在化しやすくなる。

思春期は，内的には，新たに自分のありよう（アイデンティティ）の模索が大きな課題となるため，自分自身への関心が高まり，自己愛的な傾向も強まる。そのため，周囲からの評価に対しても過敏になりがちで，情緒的に不安定になりやすい。また，この時期は，親からの分離，自立を志向し始めるため，情緒的に不安定であっても，従前のように親に依存して安定を図ることは少なく，友人，同年輩の仲間がその対象として期待される。その仲間が反社会的な価値観を有する場合には，その価値観を取り入れ，急速に非行化していきがちとなる。他方，仲間の存在がない場合には，情緒的な不安定さを抱えたままの状態が続くことになる。

第3章
触法・低年齢少年の非行の特徴
——事例のメタ分析によるケースフォーミュレーションのモデル化

　同年輩の仲間については，小学校から中学校への進学という環境の変化に伴う新しい仲間関係の構築と適応を迫られるという意味において，ストレッサーの一つになるという側面もある。また，学校生活においても学習内容の変化によって学業不振に陥るなどといったストレスも新たに抱えることが多い。

　保護者には，少年のこのような心理状態を理解して対応することが望まれるが，保護者自身も，社会生活上さまざまなストレスにさらされることの多い時期であることで，なかなか目が向きにくく，放任したままになることが少なくない。また，自分の成育史——思春期の時期や特性——と，子どものそれとのズレの認識の見誤りから，対応が必ずしも適切にできないことがある。

　このように，非行に至った少年たちは，さまざまな側面からの思春期特有のストレスに晒され，情緒的な不安定さが増大した状態にあり，しかも，感情の分化やコントロール，社会性が未熟であるために，適切な対処ができにくい状態は増幅される。また，保護者や学校など，少年のこのような状態に対するサポート態勢も不十分な状態が続く。

　さらに，ストレスが多い状況から一時的であっても回避する場所もなければ，術も持たない。まして，状況を変化させるだけの能力も不足しており，ストレスが多い状況を所与のものとして受け止めるしかなく，ストレスが鬱積していくだけの状態が続く。

　この時期に非行に至る少年は，鬱屈とした感情を常に抱えた状態にあると考えられる。そして，このような状態の中で少年は，友人や親からの叱責や友人からのからかいやいじめなど不快な刺激を受けた場合——特に不安感，自己有用感，自尊心を刺激されたような場合——には，もともと心理的に脆弱であったこともあって，観念的に被害感を増大させる傾向が強まる。原因帰属の集約化も行われて，先鋭化していきがちとなる。そして，容易に不適応を起こし，鬱積された不快や不安の感情の解消のための行動が非行となって発露する。また，放火の事例に顕著なように，自分に芽生えた動機に囚われて問題行動を増幅させ，短期間に問題行動を反復させることもある。

　以上，触法および低年齢少年の非行のメカニズムをフォーミュレートしたモデルを示してきた。このようなモデルで示された非行のメカニズムの基本的な構造は，他の非行と大きく異なる点は必ずしも多くはないと思われるが，この

年代の少年の非行のメカニズムの解明にあたっては，発達段階が他の年代と異なることへの十分な考慮が不可欠である。

›› おわりに

　触法・低年齢少年は，思春期にいることで特有の達成すべき課題を抱えた状態にある。また，そのような課題に晒されていることで問題対処能力の脆弱性を露呈しやすい状態にある。

　触法少年を中心としたこの年代の子どもたちを非行に至らせないようするため（予防），あるいは，非行を起こした子どもが更生するためには，これらの子どもに関わる大人は，子どもたちがこのような状態にあることを改めて認識しておくことが肝要となる。その上で，個々の子どもの課題に応じて，自尊心を育み，自己有用感を高めることや，周囲とかかわる術——コミュニケーション能力や社会性を体得させて，社会適応を促す基礎を身に付けさせることが大切になる。

　また，保護者に対しては，このような子どもに対する指導や監護の方法に関して，具体的に助言や指導をする必要がある。特に，子どもが器質的な問題を抱えている場合には，子どもの特性の理解を促した上で，指導方法等をきめ細やかに助言することが肝要となる。なお，助言にあたっては，保護者自身も生活上あるいは発達上の多くの課題に直面していることが少なくないことに配慮し，子どもの監護に取り組めるように保護者自身の問題へのサポートも必要となる。

　さらには，特にこの時期の子どもの問題は，さまざまな領域や機関にまたがっていることが多く，更生のための支援や教育・指導にあたっては，保護者や学校に留まらず，児童相談所，医師，スクールカウンセラー，スクールソーシャルワーカーなど，子どもに関わる種々の関係機関の綿密な連携が必要となる。

　この時期の子どもたちの非行化予防の方策や更生のための支援等の糸口に触れたが，これらは，検討事例の少なさを考えると，仮説的に提示した非行の特徴を通して見えてきた提言に留まらざるを得ない。真に実効性があり，実証性

のある対策を立てるために，今後は更生の過程も含めた指導や教育の実践例を通して，予防，更生のための具体的方策を検討していく必要がある。

引用文献

Blos, P. : On Adlescence : A psychoanalytic interpretation. Free Press, 1962. （野沢栄司訳：青年期の精神医学．誠信書房，1971）

Erikson, E.H. : Identity and the Life Cycle. International Universities Press, 1959. （小此木啓吾訳：自我同一性．誠信書房，1973）

藤川洋子：発達障害と少年非行：司法面接の実際．金剛出版，2008.

保坂亨：児童期・思春期の発達．（下山晴彦編）教育心理学Ⅱ：発達と臨床援助の心理学．東京大学出版会，1998.

法務省法務総合研究所編：平成22年版 犯罪白書：重大事犯者の実態と処遇．佐伯印刷，2010.

乾吉佑：思春期・青年期の精神分析的アプローチ：出会いと心理臨床．遠見書房，1998.

加藤隆勝編：思春期の人間関係：両親・先生・友だち．大日本図書，1984.

警察庁編：平成22年版 警察白書．ぎょうせい，2010.

文部科学省：平成21年度「児童生徒の問題行動等生活指導上の諸問題に関する調査」について．2010.

中釜洋子：若者世代とその家族．（中釜洋子・他著）家族心理学：家族システムの発達と臨床的援助．有斐閣，2008.

新潟県教育委員会：中1ギャップ解消調査研究事業報告書．2005.

大河原美以：思春期前期の心理特性と親子関係：「よい子」が突然きれる現象に関する試論．家裁調査官研究紀要．3；1-19, 2006.

坂野剛崇：非行少年：「非行」と「少年」の全体の布置の理解．（廣井亮一編）加害者臨床：現代のエスプリ491．至文堂，2008.

瀬川晃：犯罪学．成文堂，1998.

牛島定信，福井敏：対象関係からみた最近の青年の精神病理：前青年期ドルドラムと前エディプス的父親の想像．（小此木啓吾編）青年期の精神病理2．弘文堂，1980.

Wing, L. : Asperger's syndrome : A clinical account. Psychological Medicine. 11 ; 115-129, 1981.

第Ⅱ部　精神／発達障害と非行・犯罪臨床におけるリスク・アセスメント

第4章
非行少年の当事者モデルによるアセスメント

佐藤伸一　*Shinichi Sato*
[山形刑務所]

>> はじめに

　筆者は，これまで主に少年鑑別所の法務技官として，家庭裁判所から観護措置として送致されて入所した，非行に及んだ少年たちの資質鑑別および処遇指針の策定などを業務としてきた。

　これまでの資質鑑別や処遇指針の策定においては，主に医学モデルにしたがって，いかに客観的に非行に及んだ少年の心身の資質上の問題点を鑑別・指摘すべきか，さらにその問題点を改善するための処遇指針をいかに策定すべきかに腐心してきたきらいがある。たとえば，客観的な資料の一つとされている心理検査結果等への偏重，資質上の問題点の指摘のみに終始し，具体的で有効な処遇指針の策定ができないなどである。そのため，24時間体制で少年を処遇している（身柄を拘束され外界から遮断されて，少年が自分と向き合わざるを得ない環境で，法務教官等が生活の様子を観察している），まさに「臨床」現場で，臨床的な働きかけができるチャンスが多くあるにもかかわらず，客観性の担保という医学モデルにしばられて，貴重な臨床的な側面を生かすことができなかった。

　しかも資質鑑別および処遇指針策定の目的は，要保護性，すなわち主として再非行防止である。この目的を達成するには，非行に及んだ少年自身が，「非行を二度としたくない」という動機づけが得られるかによるところが大きい。医学モデルに偏るあまり，「二度と非行をしたくない」という認知を持つべき

主体である非行に及んだ少年自身に，その動機づけも十分にできてこなかったきらいがある。診断する人，診断される人という医学モデルにのみ依拠している限りは，非行に及んだ少年自身は「再非行防止＝非行に及んだ少年自身が二度と非行に及ばないという気持ちを形成すること」について受け身の立場でしかない。そこで何が足りないかを考えた時に，主体は非行に及んだ少年自身であり，その少年自身が非行に至ったプロセスを理解すること，その上でどこを変えたら再非行に及ばないで済むのかということを自覚できるようになることではないかと考える。すなわち，非行という問題の当事者である少年自身が主体，主権者にならなければならないのではないかということである。

社会学者の上野千鶴子の述べる「当事者主権」（中西・上野，2003）である。人が変わる，あるいは人を変える動機づけのうちもっとも効果的なものは，当人（当事者）が，自己決定権を持つということである。

この考えをベースにして，非行に及んだ少年に対して「当事者研究」と名づけて当事者モデルのアセスメント（以下，ここでいうアセスメントは，資質鑑別および処遇指針の策定のことを指す）を実践したので，少年鑑別所における新たな試みとして報告する。

▶▶ 非行のある少年の当事者モデルによるアセスメント＝「当事者研究」
―――医学モデルから当事者モデルへ

「当事者研究」は，社会福祉法人「浦河べてるの家」[注1]の実践から生まれ

［注1］浦河べてるの家：今から30年前，地域で暮らす精神障害を体験した若者たちの交流活動がはじまりである。地域の有志と共にお互いの孤立を防ぎ，助け合いながら起業による地域貢献を模索し，1984年，住居として活用していた古い会堂に「べてるの家」と命名する。活動理念は，「地域のために」「社会復帰から社会進出へ」「三度の飯よりミーティング」などである。「地域のかかえる苦労への参加」の手段としてビジネス－起業に挑戦，過疎化が進み事業所の撤退や閉店する店が相次ぐ中で，日高昆布の産直や会社を設立して介護保険事業に進出，2002年，社会福祉法人設立，わが国ではじめて当事者が理事長，施設長に就任し，就労支援，居住支援に取り組みさまざまなプログラムを創出する。現在は，精神，身体，知的等のさまざまな障害を持つ100名以上の人が活用。年間，延べ2,000人以上の見学者，研修の受け入れをし，海外との交流もはじまっている。（向谷地，2008）

たものである。これは，主に統合失調症などの精神障害を抱えて「生きづらく」なっているクライエント自身が，自分自身の生きづらさや生じている問題の徹底した「研究」を通じて，生きづらさの解消や，問題の解決を自ら図っていこうとするものであり，当事者自身のレジリエンス（resilience：復元力，回復力）を高めていこうとするものである。

「当事者研究」の生みの親の一人である向谷地（2009）は，浦河における「当事者研究」の試みについて，「①当事者の置かれた現実に即したプログラムであること，②自らの体験が仲間の回復や力の獲得に貢献できる，という効力感を，当事者自身が獲得すること，③当事者自身の統合失調症の体験は，挫折や喪失の経験である以上に，有用な人生経験として，生かされる可能性のある『財産』的価値と可能性を秘めている，ということを実感し，それを実生活の中に反映させるプログラムとしてすすめられている」（p.113）としている。

「当事者研究」は，精神保健福祉の現場で広がりを見せているが，実は，この「当事者研究」の理念，考え方は非行臨床の現場においても援用可能なものであると同時に，非行臨床のアセスメント方法および処遇指針の策定においてきわめて有効なものであると考えられる。なぜなら，非行臨床においては，「非行少年」として非行に及んだ少年をとらえるのではなく，「非行のある少年」として，「非行」という「問題」を「人格」から切り離し，「外在化」して「少年」と向き合い，「二度と非行に及ばないようにするにはどうしたらよいか＝再非行の防止のための方策」を考えるのが目的だからである。

また，非行臨床の特殊性は第一に，「非行」という「問題」を時系列でいえば「いま－ここ」ではなく，ある時に行われた非行を供述・伝聞で把握するということがあるが，非行臨床においては，その「問題」の把握を「ナラティヴ＝語り，物語」の構築に拠っている。「非行」という「問題」の「当事者」である少年自身のナラティヴによってはじめて「問題」の把握が可能になるといってもよいであろう。これは，「当事者研究」において当事者自身の「語り，物語」＝ナラティヴが不可欠であることと同義である。

また，非行臨床の第二の特殊性は，「非行のある少年」にはアセスメントを受ける動機づけが乏しいが，それは非行のある少年と非行臨床家との関係性によって大きく影響されるものであるという点である。ゴールドシュタインがい

うように，非行臨床家は，非行のある少年のみが自身の生存について究極的にもっともよく知り，判断できる者であるという立場で，非行のある少年と協働して，生活状況の混沌とした事情のなかで意味を理解し，意味を見出していこうとする。客観的に診断もしくはアセスメントするのではなく，非行のある少年を主役にして，自分は脇役，あるいは黒子に徹するという関係性を構築することで「当事者」である非行のある少年の動機づけが高まる可能性が大きくなるのである（小松，2002）。

非行臨床の特殊性の第三である「再非行の防止を図る」という点については，「当事者研究」では，「問題」の再発を防ぐために，当事者本人が研究をする。それを非行臨床の現場に置き換えると，まさに「再非行の防止を図る」ことを目的として当事者である非行のある少年自身が，その経験をもとに研究をとおして主体的にその方策を考えるのである。

このように，「当事者研究」の理念，考え方は，非行臨床の目的および特殊性にマッチしたものであり，その方法は，非行臨床において援用可能であるし，むしろ「当事者研究」の方法こそが，非行臨床におけるアセスメントの方法であると考えることができる。こうしたアセスメントを通じて，処遇指針を策定することが再非行防止につながると考えられる。

これまでの非行臨床において行われてきた「医療モデル」と，「当事者研究」における「当事者モデル」の違いを，表1に示した。

表1　医療モデルと当事者モデルの比較

	医療モデル	当事者モデル
主体	援助者・指導者	当事者
責任性	アセスメント，処遇する専門家	本人の自己決定，それを促す協働作業をする専門家
かかわり	指導・教育・援助	当事者本人の主体性へのうながし
とらえ方	問題を中心に	問題を中心に
関係性	診断・被診断，教育・被教育	ともに考える支え手として
問題性	個人の問題性・親などの環境の問題性	個人の問題性・親などの環境の問題性
取組み	教育的・訓練的	本人の主体性・その援助

＊向谷地（2009）の「医療モデルと生活モデルの比較（谷中，1996）」を改変

›› 非行のある少年の「当事者研究」の方法

　非行のある少年の「当事者研究」では,非行という行動は,その少年の認知(考え方,信念)によって生じると考える。すなわち,同じような体験,出来事などに遭遇したとしても,非行に及ぶか否かは,そのときの出来事などに対する少年の持つ認知(考え方,信念)次第である。

　たとえば,素行不良な先輩にバイクを盗もうと誘われたとしよう。A少年は,これまでこの先輩におごってもらい,困ったときに助けてもらったので,バイクの運転には興味はなかったし,盗むことにも抵抗感はあったが一緒にバイクを盗んだ。B少年は,先輩は恐い人だが,バイク盗をしたら親が悲しむだろうからと,勇気を振り絞って断った。これは,素行不良な先輩にバイク盗を誘われたという出来事に対して,A少年の認知とB少年の認知が違ったことによって非行に及ぶか及ばないかが決まるということを示している。それゆえ,認知なき非行は,心神喪失や心神耗弱状態のように正常な認知ができない場合を除いてはありえない。

　「認知」は,「ヒト」としてこの世に生を受けたときから,外的環境との関わりのなかで「学習」し,身につけてきたものである。「学習」してきたものであるから,「再学習」によって変えることが可能である。

　非行のある少年の「当事者研究」は,非行に及ぶ「認知(考え方,信念)」についてアセスメントし,その「認知」を変えるためのアセスメントについて,「当事者」である「非行のある少年自身」が「研究」するように動機づけ,援助していくことである。

　非行を認知の問題として取り上げることのメリットは,①非行を具体的な反応(問題)として取り上げることが可能になる。②何らかの評価方法(面接や心理検査など)を用いることによって査定が可能である。③認知は,これまでの人生の過程で学習してきたものだから,教育によって再学習可能であり,変容の効果が期待できる。④認知の変容を客観的に理解することが可能になり,検証できる。⑤面接などで,焦点づけして積極的に働きかけることが可能になる。⑥自分の犯した非行のアセスメントと再非行に走らないようにするにはど

うしたらよいかについて，当事者である少年自身が理解しやすくなる，といったことである。以下，当事者研究の具体的な流れについて紹介する。

›› 非行のある少年の「当事者研究」のすすめ方

「当事者研究」は主に面接で実施するが，筆者が勤務している少年鑑別所であれば，少年自身が作成した生活史，課題作文，日記，心理検査などを活用する。

1. インテーク面接時（初回面接時）に，少年に図1の「非行のある少年との協働作業図（非行の外在化図）」（「二度と非行をしないために」シート）を提示しながら，「二度と非行をしない」ために，「非行」を外在化し，少年が主体（あるいは主役）となって，援助者がそれを助ける（脇役）ので，なぜ非行に及んだのかを一緒に考えようと動機づけをする。何よりも，インテーク面接でのこの動機づけによって，その後の非行に及んだ少年の「当事者研究」の深まりが決定されるといっても過言ではない。

2. 次に，図2の「当事者研究シート」を提示し，人がなぜ非行に及ぶのかについて，人間が行動に至るプロセスは「出来事」→「認知」＝「感情」→「行動」というプロセスになっていることを説明する。つまり「外在化」した「行動＝非行」に至るまでには，いろいろな「出来事，状況，人との関係」

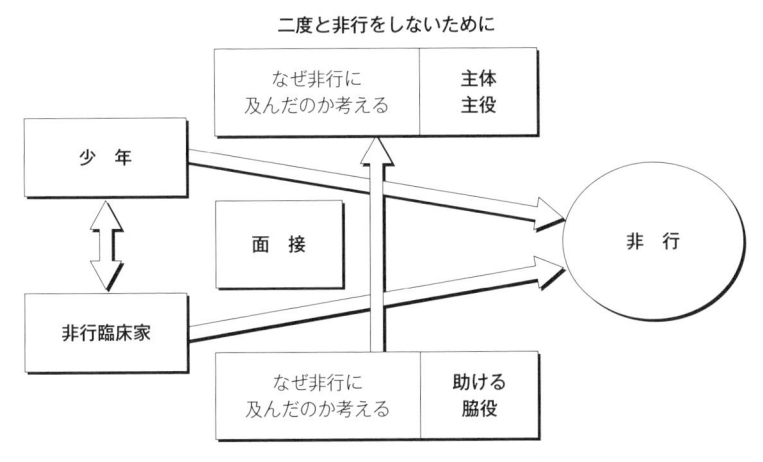

図1 非行のある少年との協同作業図（非行の外在化図）

があり，その「出来事」に対する考え方，受け止め方＝「認知」があり，「認知」に伴う「感情＝気持ちなど」があってはじめて「行動＝非行」に至るものであることを説明する。その際には，一般的には，「出来事」があってそれですぐに「行動＝非行」に至っているように感じる，あるいは「出来事」があって「カッとなって＝感情」，「行動＝非行（相手を殴るなど）」に至っていると考えられがちだが，必ず「出来事」に対する「認知＝考え方，とらえ方，受け止め方」があって，それに伴って「感情」も生じ，それではじめて「行動＝非行」が生じるものであることを説明する。

　これらのことを説明した上で，四角で囲んだ部分に次回面接の時までに鉛筆で記入してもらうようにお願いする。鉛筆としているのは，書いたり消したりできるためであり，書いては消し，書く内容を変更したり，書き加えるという作業自体が，少年自身が自分の非行について振り返ることにつながり，ナラティヴの構築を繰り返すことにつながるからである。この場合の「書く」という作業は，いったんその時の自分（過去の自分）について振り返って見るということであり，鯨岡のいう「エピソード記述」である。鯨岡は，「エピソードを書くことの意義」として，「『書く』という行為は，自分を含めたそこでの出来事を自ずと『外側から』見ることを促し，いつのまにか『第三の目』を機能させ，その出来事をふたたび生き直しながら，それを吟味する姿勢を促すからです。つまり，その出来事を描き出してみると，どうもこれでは起こったことを掬い取れていないとか，ここが分からなかったところだとか，このときの相手の思いはどうだったのだろうかとか，いろいろな気づきを書き手にもたらします」（鯨岡，2005，p.260）としている。まさに，「書く」という行為は，出来事である「非行」を「外在化」して当事者である少年が「第三の目」を機能させ，内省することにつながるのである。

　そして，この「当事者研究シート」を「書く」ことをワーク（宿題）として，次回の面接までにある程度完成するようにお願いするのである。

　さらに，その際に，このシートで，どこの部分を変えることができれば，「行動＝非行」に至らないで済むかを，少年に尋ねる。そうすると，これまでの臨床経験からすると，すべての少年は，「認知」の部分を変えることだと答える。その答えをコンプリメント（支持・賛同）し，「認知」を変える

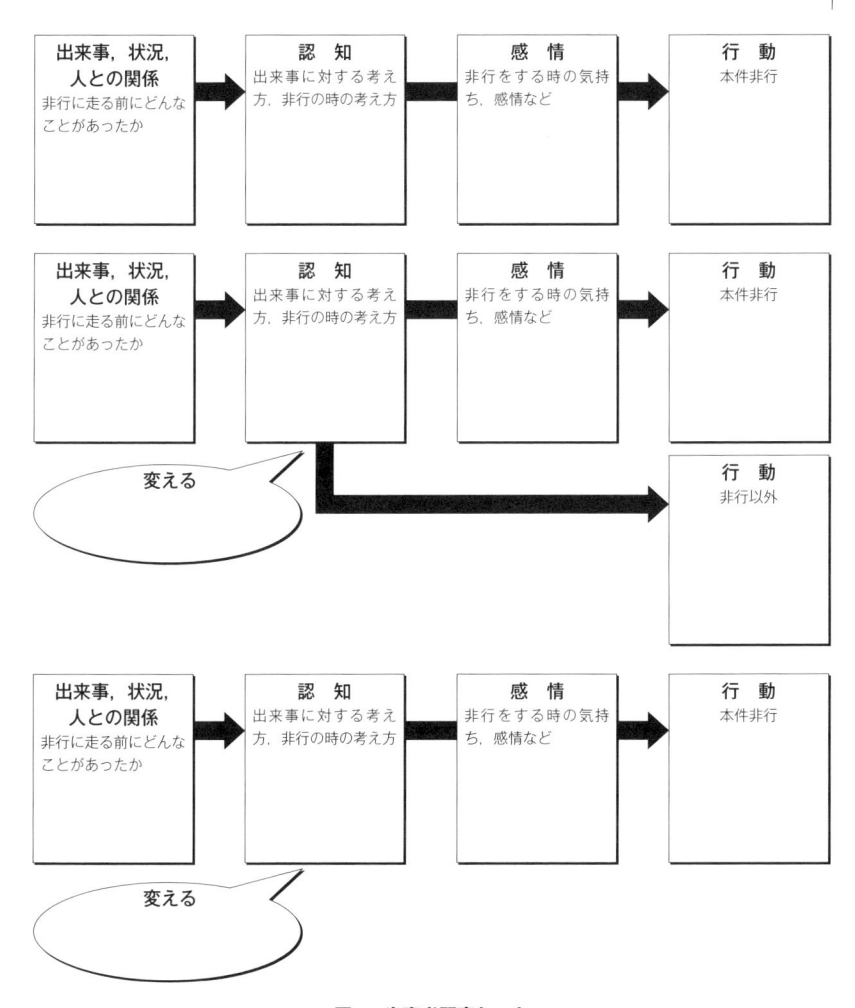

図2 当事者研究シート

ことが「非行」に至らないようにするため，すなわち，「二度と非行をしないために」必要なことであると焦点づけをし，「当事者研究」の目的，ゴールは，「非行」に及ぶ「認知」を変えること，「認知の再構成」，「ナラティヴの再構築」であると動機づけを図る（図2）。

3 2回目の面接時に，記入されたシートをもとに足りない部分の指摘をして，一緒に書き加えたり，書き換えたりする。また，よく書けているところに

ついてはコンプリメントし，さらに考えを深めるように働きかける。まさに協働作業を通じて，「当事者研究シート」を作成していくわけである。

具体的には，「出来事」の欄から順番に，少年になぜこのようなことを書いたのか質問をし，できるだけ非行臨床家がイメージできるように答えてもらい，非行臨床家がイメージした内容を少年に伝え，少年からまた話してもらうということを繰り返す。その際には，「行動＝非行」とは直接関係ないと思われるようなことだが，実際には，「認知」の形成に大きな影響を与えていると思われるエピソードについて質問したり，あるいは少年自身が，自ら話してくることもあるので，非行臨床家は，五感を最大限働かせて傾聴するようにする。ここで，どれくらい非行臨床家と少年が共感できるかが，その後の「認知の再構成」，「ナラティヴの再構築」にとってはとても重要なものである。

次に，もっとも重要な「認知」の欄である。ところで，「認知」は構造をなしている。すなわち，認知行動療法では，「認知」は，行動を単に刺激と反応の接近・連合だけで説明するのではなく，予期や判断，思考や信念体系としてとらえている。隠喩的に言えば，ある出来事に対する行動（反応）の選択肢である。Aさんが出来事Bに対してCという行動を選択したり，あるいはDという行動を選択したり，Eさんが，Aさんと同じ出来事Bに対してはFという行動を選択する場合の選択の際の考え方のことである。「行動（結果）」は「個体と環境の関数」であるが，その「関数」の最も中核を占めているのが「認知」と言える。しかもその「認知」は個体の変数である。ある行動の「動因」である。その内容は，こうなるから行動しようという「予期」や過去の体験から得た「判断」（「自動思考」という），生まれてからこれまでの関係の中で身につけてきた「思考」（「媒介信念」という），あるいはもっと根づいている「信念」（「中核信念」という）からなっている。「認知」は，「自動思考」は浅いレベル，「媒介信念」は，比較的深いレベル，そして「中核信念」は，深いレベルという「構造」をなしているといえる。「認知」の欄の記載から，この「認知の構造」のうち，浅いレベルから深いレベルまでのどのレベルにあるか，アセスメントが可能である。どのレベルにあるかをアセスメントすることによって，「認知の変容」が比較的容易であるか，きわめて困難であるかといった予後を判断することが可能である。すなわち，「認知の変容」にどのくらい時間がかかるか，教育・働きかけを必要とするかもアセスメントできる。また，これは非行臨床家が，次にどこの機関の非行臨床家に引き継ぐべきかの判断に資する

ことができる。少年審判であれば，処分決定のための指針となりうる。ここでも，少年が書いたことを基にして質問と応答を繰り返し，なぜこのような「認知」が形成されたのか非行臨床家がイメージできるようにしていく。

　一般の心理臨床では，「共感的理解」ということが言われるが，「共感」はお互いのやり取りの中での結果であって，非行臨床家が「共感的理解」を示してやるということではない。大事なことは，どれだけイメージを共有できるかである。先の「出来事」と「認知」との関係性に重点を置く。

　この時点で，すでに「認知」を「変える」の吹き出しを記載してくることも多い。その場合は，「変える」と記載している内容が，どのようにして導き出されたものであるかについて質問をし，吟味する。具体性に欠けていたり，導きの根拠が脆弱なものであれば，その点を指摘し，さらに内容を深めるようにワーク（宿題）としてお願いする。

　「感情」欄については，たいていは，「認知」の欄で記載した内容の「感情」や「気持ち」について記載してあることが多い。「行動＝非行」の内容によっては，「認知」の欄よりさらに詳しく「感情」欄を記載してくることがある。その際には，「認知」を上回るほどの「激情」であったことが推察される。「感情」欄で「認知の構造」の深さのレベルが垣間見えることがある。すなわち，被害者意識の強さである。考えるよりも「感情」が自ずと優先されてしまうほどの被害者意識の強さである。親殺しなどの重大な犯罪に及んだ少年にはよく見られる。その場合も，なぜそれほどまでに「感情」欄を記載したのかについて，少年に質問を繰り返し，非行臨床家がイメージできるようにし，イメージしたものを少年に返していく中で「共感」することがもっとも大切である。

　「行動＝非行」欄は，非行の内容について記載している。非行の内容の中には，非行の手口や非行の直接的な「動機」と思われるようなことを記載していることもある。その場合は，そこに焦点づけて，質問していくことが不可欠である。そうすると，そこで語られたものが，「認知」の部分に当たることがわかる場合もある。その際には，この部分は「認知」の欄に記載するように働きかける。それが，「認知」をより明確化することにつながる。

　これらの協働作業を通じて，再度ワーク（宿題）として，次回面接までに書き換える，書き加えるようにお願いする。

4 次に，前回面接後に書き換えてきた，あるいは書き加えてきたシートをもとにして，「認知」の欄について，検討を加えていく。「認知の同定」をした上で，そのような「認知」が形成されてきた要因，エピソードなどについて，これまでの面接を通じて非行臨床家がアセスメントしてきたことを含めて質問していく。すなわち，「認知の同定」と「認知の形成要因」のアセスメントの段階である。

たとえば，「自分はだめな人間だ，断れば仲間からばかにされると思った」。この「認知」の形成には，おそらく，「いじめられた体験が大きいのではないか」と確認をしながら，「認知の同定」を図っていく。非行臨床家が「認知」や「認知の形成要因」についてアセスメントしたことでよいのかどうか，確認をしていくのである。繰り返しになるが，この協働作業を通じて「共感」していくのであり，「共感」は結果である。「認知の形成要因」については，非行臨床家が，少年のこれまでの人生の中で認知の形成に影響したと思われる出来事，エピソードをイメージし，少年と共有できるようになるまで質問を繰り返していくのである。この段階では，認知の形成に影響を与えたと思われる出来事，エピソードをできるだけたくさん聞き，「認知の同定」を強固なものにしていく。その際，図3のような「人生の浮き沈み図」を作成しながら，「認知の形成」に影響を与えたと思われる出来事（×）の部分を詳細に尋ね，時系列でどのように現在の「認知」，あるいは「ナラティヴ」につながっているのか確認していくのも一つの方法である。

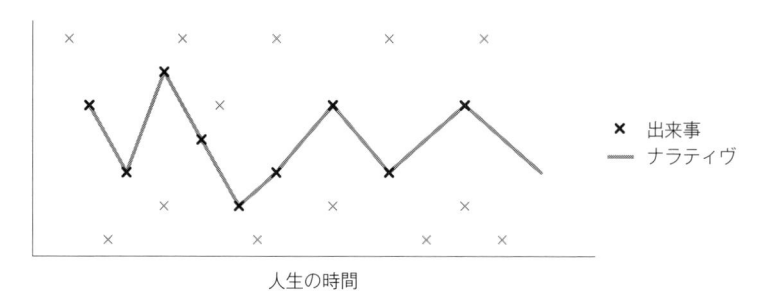

図3　人生の浮き沈み図

5 次は「当事者研究シート」の「認知」の欄に吹き出しを書き，「変える」とした部分を完成させる作業である。「認知の再構成」，「ナラティヴの再構築」である。

「認知の同定」がしっかりできれば，この吹き出しの「変える」部分につ

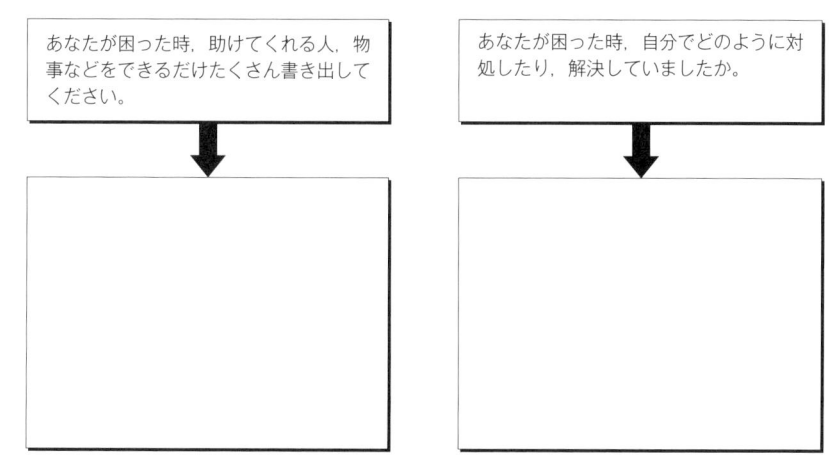

あなたが困った時，助けてくれる人，物事などをできるだけたくさん書き出してください。	あなたが困った時，自分でどのように対処したり，解決していましたか。

図4　サポート資源とコーピングスキルシート

いては，比較的容易に少年は書き出すことができる。ただし，抽象的な言葉であれば，具体的にはどういうことであるのか，どのような道筋でそのように「変える」ことができるのかについて，これまでと同様に，少年とイメージが共有できるまで質問を繰り返し，「結果として共感」できるようにしていく。その際には，図4の「サポート資源とコーピングスキルシート」にできるだけ多く書き出してもらい，それを活用する。

　サポート資源は，「認知の再構成」を図る上では欠かせないものであり，少年だけではなく，できるだけ非行臨床家も考え，これまでのアセスメントで得た資源，社会的資源（外的リソース）や内的リソースなどを見つけ出し，少年に提案してみることも必要である。「認知の再構成」を図る上で，使えるものをたくさん見つけていくのである。また，これまで困ったときに，どのように対処（コーピング）してきたかについて少年に考えてもらうことは，少年に対するエンパワメント，自尊感情の回復につながる可能性が大きく，「認知の再構成」に役立つとともに，「ナラティヴの再構築」にもつながる。

　以上が，非行のある少年の「当事者研究」の基本モデルである。この基本モデルをベースにして，各非行臨床の分野の特性を活かしながら実践していく。この「当事者研究」は，非行のある少年が，どの程度「内省」が深まっているかのアセスメント方法としても使用できる。少年審判の際に，処遇選択をする

上での貴重なエビデンスにもなり得る。瀧川 (2007) によると,「内省」とは「自分に向き合い自分を理解すること,自己理解,自己認識をすることと言い換えることができる。このように,内省を自己理解ととらえると,現時点よりも先の,未来の自分を現在どのようにとらえているかという観点も含まれると思われる」としている。それは,実際の処遇・教育の方針を立てる上でも有効であるし,少年院に収容された場合には,施設内で問題行動が生じた際に,「当事者研究」を実施し,問題解決に結びつけていくことが可能である。

>> 非行のある少年の「当事者研究」の事例

　以下は,筆者が少年鑑別所で実践した当事者研究の事例である。プライバシー保護の観点から,事例の本質を崩さない程度に創作したものである。

　19歳男子少年。非行名は窃盗である。小学校時から学校教師に対する不信感を抱き,同時に自分のつらさを理解してくれず,一方的に指導する実父に対しても不信感を抱いている。学校内でのトラブルから高校中退後は,就業したものの諸事情から頻回転職の状態になり,実父からはだめな奴だと言われて家庭内に居場所がないと感じ,金銭欲しさからタイヤ盗をして換金したもの。

　初回面接（インテーク面接）　入所当初からふてくされた態度で,ぶっきらぼうな言動が目立ち,大人への不信感を強く抱いていることがうかがわれた少年であった。面接当初はそのような態度であったが,いつもどおりに「二度と非行に及ばないために」シートを見せながら,二度と非行に及ばないようにするために,少年鑑別所で審判まで一緒に考えようと動機づけした際には,表情が少し緩んだ。そして,「当事者研究シート」の説明をして,「出来事」は,いつの時点からの「出来事」でもいいので話すように示唆すると,興味を示して話し始めた。

　少年は本件非行の直前の出来事ではなく,小学校2年生時からの話をした。「認知の構造」のもっとも深いレベルの「認知」を形成した過程について話した。すなわち,大人に対する不信感の形成のナラティヴである。

　　　　「……小学校5年生のときには,林間学校でカレーを作っているときに,

同級生の女の子が，鍋をお玉でかき回そうとしたときに，お玉が熱くて，そのお玉に熱いカレーをついだまま投げ出して，近くで作業していた自分の顔の目の下の部分に熱いカレーが当たり，やけどを負った。しかし先生からは，今課題が始まるところだから水で冷やして待つように言われ，2時間放置され，帰宅してから病院へ行ったら，医者からどうしてこんなになるまで放置していたのかと言われ，顔のやけど痕はたぶん消えないと思うと言われた。親はその日のうちに学校に，先生が自分のやけどを放置していたことについて文句を言いに行ったが，学校は落ち度がないと言い張り，謝罪はなかった。その時に，本当に先生や学校は信用できないと思った。その後，ほとんど登校しなかったが，学校は何も対応しなかった。卒業式にも出なかった。

　中学に入学すれば少しは変わるのではないかと思い，期待を持っていた。実兄がサッカーをしていて，その部活の顧問の先生がたまたま担任教師になったことでさらに期待したが，眉毛を細く剃ったら，周りの生徒もしていたのに自分一人だけその先生に呼び出され，「おまえ，何をしているのよ」と言われて，胸倉をつかまれ腹を殴られたので，この先生もこれまでの先生と同じだと思った。

　その夏にプールの授業中に，体調が悪かったので，プールに入らないでボールで遊んでいたら，女子のほうにボールが飛んでいったので女子に謝ったが，急にプールから先生が上がってきて殴られた。その後，掃除小屋に連れて行かれて腹を殴られた。そのころから先生に反抗するようになって，髪を染めて眉毛も細くして校則をわざと破っていた。

　転校してきた友達と夜遊びをするようになった。1年の3学期になって，先生から「おまえはもう学校に来なくていいから」と言われて，家に帰って親にそのことを言ったが，親は「ああ，そう」と言っただけだったので休んでいた。

　2年生になって担任が替わった。そうしたら，今度は一変して自分には何もかかわらないようになっていた。何も指導はしなくなった。無視されている感じだった。学校全体が荒れていたので，そういう対応しかしないのかなと思っていた。休み時間中に，友達と廊下で話していたら，生徒指導部の先生が来て，突然みぞおちを殴られ，髪をつかまれて階段を引きずりおろされ，他生徒のいる前で正座させられて説教された。「おまえは何でみんなと違うんだ」と言われた。それ以来，反抗心が大きくなった。

　3年になって，また担任が替わり，30代の女の先生になった。それまで

登校していなかったが，何回か電話があり，学校においでと言われた。それで，学校に行ったときに，「はじめまして，私があなたの担任の○○です。楽しく一緒に卒業しよう」と言われた。タバコのことについても「タバコは何を吸っているの？」と聞かれ，「だけど，体に悪いからやめようね。それと学校では吸わないように」と言われて，これまでの先生とは違うと感じ，少しは信頼してもよいかなと思い，保健室登校から始めた。3年生の後半は，ほとんど登校していた。そして，はじめて先生という人種からほめられた。「あなたは謝れる力もあるし，優しさもある」と言われたことをよく覚えている。少しぐらい大人も信用できる人がいるのかなとも思った。

中学卒業後，定時制高校に入学したが，入学3日後に全日制の生徒と喧嘩になり，殴ったし，殴られたが，定時制の生徒だけ停学処分になった。その後，深夜徘徊で補導されて停学になり，高校も中退することになった。

仕事を探しても見つからず，実父の自動車板金の仕事をしたいとも思ったが，実兄たちが働いているので，自分の入り込む余地はなく，生活も荒れて，中卒では相手にしてくれない世の中が気に入らないと感じ，仲間たちと自動販売機を破壊するなどして補導され，家裁係属になった。しかし，恋人ができて，落ち着くようになった。家には居場所がないと感じていたこともあって，恋人の親も歓迎してくれたので，恋人の家で生活することが多くなった。しかし，恋人と別れてからまた生活が荒れ始めて，金欲しさにタイヤ盗を繰り返していた。

少年の「認知の同定」は，初回面接での少年自身のこのナラティヴによって可能となった。すなわち，「大人に対する不信感の根深さ」と「社会に対する反抗というメッセージのある非行や問題行動である」ということである。

少年には，当事者研究の基本モデルに従い，「今述べてくれたことを，この『当事者研究シート』に記載して次回の面接時までに作成してください。そして，『変える』の部分の吹き出しが書けるようであれば書いてみてください」とホームワークを出し面接を終了した。

2回目の面接　2回目の面接時に，少年は「当事者研究シート」を記載してきた。図5は，少年が作成した「当事者研究シート」である。

ただし，「認知」の「変える」部分については記入してこなかった。「出来事」，「認知」，「感情」については，初回面接で得られた「認知の同定」の内容について簡潔に記載してきた。「感情」の部分にも「大人への不信感」が書かれて

第4章
非行少年の当事者モデルによるアセスメント

出来事, 状況, 人との関係 非行に走る前にどんなことがあったか	認　知 出来事に対する考え方, 非行の時の考え方	感　情 非行をする時の気持ち, 感情など	行　動 本件非行
小学校のころから大人への疑問を抱き始めた。中学に入り、先生という存在が嫌いになり、信じることができなくなった。 親ともあまりかかわらなくなっていた。高校に入学してすぐケンカして停学になった。 4カ月で高校を辞めた。そのあと器物損壊をした。家庭裁判所に行った。その時は大人にうんざりしていた。その後彼女ができ、非行はしなくなった。2年後別れてからは、夜遊びばかりするようになった。止める人がいなかったから。	大人の勝手で子どもの心に傷を負わせるのは最低だ。 非行を行う時は、自分のことしか考えていなかった。まるで自分の存在を主張するような感じ。 だいたいは、ストレス発散。あとは誰かが止めてくれるのを期待。今までの大人への仕返し。大人への最後の期待。 自分の欲望。自分を誰かにわかってほしいのかもしれない。 働き場所がないこと。	誰かにわかってほしい。 現実から逃避したい。 誰かに止めてほしい。 大人を困らせたい。 気持ちを落ち着かせたい。 金がほしい。 自由に遊びたい。	自分の欲望で行っている。 やっぱり大人への不信感。 人の物を盗んだ。何カ所もの場所から。誰も見ていない場所で夜中にやっている。 働きたいけれど働けず、人の物を盗むことで自分の欲を満たしていた。 人のタイヤを盗み、それを売ってお金に換えていた。何回も盗んでいた。友達とも盗んでいた。

変える
しっかりと働き、みんなに自分を分かってもらい支えてもらう。自分の罪の重さを常に認識する。自分だけでなく、他人のことも考える。現実に向き合う。

図5　少年の「当事者研究シート」

おり、よほど「大人への不信感の強さ」を抱いていると感じられたので、初回面接の際に話した「出来事」について再確認をした。次回面接時までに「変える」部分について、記載してくるようにホームワークを出して終了した。

　3回目の面接　「変える」部分について、「しっかりと働き、みんなに自分を分かってもらい支えてもらう。自分の罪の重さを常に認識する。自分だけでなく、他人のことも考える。現実に向き合う」と記載してきたので、その点について質問した。「やればできるんだろうけれど、やれない。その感じが悔しい。今まで自分が逃げ出してきた感じもむなしい。人と向き合えない。人と向き合えず非行に走った。本当は、大人に分かってほしいし、そういう期待感もある

129

が，いつも裏切られるので，期待外れになってしまう。自分のことを聞いてもらえないし，一方的に大人に言われて終わるのが嫌で，それで話したくても話せなくなる。それでやり場がなくて自分でストレスをため込んで非行するようになって，非行をしているときはストレスを感じなくて済んだ。しかし，それではだめだということがわかってきた。自分を分かってもらうように，非行以外のことで出していかなければならないと思う。現実から逃げないで，現実と向き合うことが必要だと考えるようになった」と述べる。

その頃の少年の日記には，「今日は担当の先生との面接があった。自分のことをわかってくれる大人って大きな支えだと思った。今まで大人が嫌いだったけど悪い人ばかりじゃないと思った。自分も，そういう大人になりたいと思ったから，もっともっと考えて，やり直したいと思う」。このように，大人に対する不信感は強いが，人のことを理解する大人になりたいと思えるようになっている。

4回目の面接 「変える」部分を実現するためには具体的に何をしたらよいか考えようと質問した。「実父が経営している自動車板金の仕事をしたい。先日，実父が面会に来てくれたときに，家の仕事を手伝えとも言われたので，家の仕事を手伝いたい。ただ，実兄（長男）が働いているので，長男を立てながら，自分は梃子（てこ）として働きたい。次男が自動車販売の会社をしているので，そちらも手伝い，将来的には兄弟で実父の会社をもっと大きくしたい」と述べる。そして，「はじめは自動車整備の3級の資格を取り，2級を取って，経験を積んで，1級を取得したい」と述べる。筆者は，「少年鑑別所に入所したことによって，君は以前の君と比べて大きく変わったと思うし，その変わったことを信じるから，有言実行で，根性を示してみなさい」と述べて面接を終了した。

審判結果 保護観察処分となっている。

›› 当事者モデルによるアセスメント=「当事者研究」の展望

当事者モデルによるアセスメント＝当事者研究の実践について紹介したが，このアセスメントは，当事者である非行のある少年自身が自ら作成し，これまでの生活を変えるためのツールになっている点が大きな特徴である。すなわち，

当事者研究は,非行に及ぶ認知についてのセルフ・アセスメントという側面と,アセスメントした認知の変容を図るというレジリエンス・アセスメントの側面も持っている。

　筆者の勤務している少年鑑別所では,当事者研究を通して資質鑑別を行い,その内容を,「鑑別結果通知書」として,家庭裁判所における審判の資料として通知しているが,少年鑑別所に収容になった少年が,審判時には大きく変わった,成長しているという評価を裁判官からいただくことがある。その意味では,当事者研究は,非行のある少年自身の成長につながり,再犯防止のための有効なアセスメント・ツールになっていると考えられる。審判の結果,社会内処遇としての保護観察処分になった場合も,あるいは施設内処遇として少年院送致になった場合も,当事者研究を通して少年自身が研究した非行に及ぶ際の認知と,その認知の変容を図れるように動機付けし,援助していくことが非行のある少年の更生にとってはきわめて有効なものであると考えられる。

文　献

上野千鶴子・中西正司：当事者主権. 岩波新書, 2003.
向谷地生良：当事者研究と認知行動療法アセスメント. 犯罪心理学研究, 46；199-201, 2008.
向谷地生良：統合失調症を持つ人への援助論. 金剛出版, 2009.
小松源助：ソーシャルワーク実践論の基礎的研究. 川島書店, 2002.
鯨岡峻：エピソード記述入門. 東京大学出版会, 2005.
瀧川由紀子：少年の内省の支援を考える：認知行動療法的アプローチからの試み. 家裁調査官研究紀要, 5；91, 2008.

第Ⅲ部
非行臨床の新潮流

第1章
非行臨床モデルの意義と課題

第2章
非行からの離脱とは何か
―――離脱にいたる心理プロセスモデルの提案

第3章
矯正教育の新潮流

第4章
非行少年の地域生活支援に向けて
―――沼田町就業支援センターにおける保護観察処遇

第Ⅲ部　非行臨床の新潮流

第1章
非行臨床モデルの意義と課題

生島　浩 *Hiroshi Shojima*
[福島大学人間発達文化研究科]

>> はじめに

　非行臨床の〈新潮流〉というからには，伝統的なアプローチ，そして，現在主流となっているモデルについて概観しておかなくてはいけない。その上で，非行内容，非行少年の変質はもとより，臨床実践の舞台である社会そのものの変貌によって，どのようなアプローチやモデルのバージョンアップが必要であるのか，この第Ⅲ部に収められている各論考が詳述していくことになる。

　まず，「非行臨床」についておさらいしておこう。この用語を世に出した井上公大（1981）は，「非行少年の社会復帰過程を援助する心理臨床的諸活動」と定義している。非行少年の処遇に寄与する学問の領域は，法学，医学，社会学，社会福祉学，教育学など数多くあるなかで，特に「心理臨床的諸活動」に軸足を置いている。臨床心理学は，従来の心理テストやカウンセリングなどに加えて，臨床心理的地域援助である「社会支援・地域支援」へと実践領域を拡大しており，非行臨床もその中核に位置づけられる（生島，2004）。

　警察に補導・検挙され，家庭裁判所の審判で非行少年とのレッテルを貼られ，少年院などの矯正施設に入っていた子どもたちは，「施設帰り」との社会的ハンディキャップを背負い，社会的排除の対象となる。それゆえ，学校や職場，家庭での居場所を見いだすための社会的支援が不可欠であり，心身に障害を抱えた人たちの立ち直りを意味するリハビリテーション，あるいはリカバリーの観点と同じである。その対象は，「非行少年に対するもの」と「非行少年の家族に対するもの」の二つが従来からあり，「少年非行の被害者（遺族）に対するもの」

が近年社会的ニーズとして加わり,「非行少年やその家族が住む地域社会に対するもの」は社会的排除が強まるなかで喫緊の課題となっている(生島, 2003)。

›› 非行臨床モデルの意義と課題

　非行臨床の基本は,少年自身の生物体としての要因だけでなく,心理的・社会的要因など幅広く影響するものを考慮して,多元的な理解・アプローチであることに異論はないであろう。この観点から,臨床モデルとして提案されている生物心理社会モデル(biopsychosocial model)は,前述のような専門領域が連携し,多様な専門機関が協働する非行臨床の特質に合致したモデルと考えられる(Marzillier, J., Hall, J., 2003)。もちろん,生物・心理・社会的要因の統合化を図ることが理想ではあっても,焦点がぼやけたアプローチとなっては元も子もない。肝心なのは,三つの要因のどれが強調されてアプローチされるのかは,その時代のニーズで左右される社会的な「市場原理」から多大な影響を受けていることの自覚であり,常に俯瞰的観点から省察する姿勢であろう。

　具体的に説き明かそう。生物的観点からは,古典的には遺伝や知能,現在では素行障害や発達障害という精神医学的診断への注視が強まっている。精神医学の主流である「生物学的精神医学」に基づき,脳の機能不全が想定されている注意欠陥／多動性障害(AD/HD)やアスペルガー障害といった発達障害との関連性に着目するものである(十一, 2006)。その基盤には,DSMと呼ばれるアメリカ精神医学会の診断基準の流布があるが,後述するエビデンス論の興隆とともに,再び遺伝などの生物学への関心が集まることは間違いないであろう(Rowe, D.C., 2001=2009)。

　心理的観点からは,強迫性が背景にある盗癖・性非行などを念頭に置いた「神経症的非行」(水島, 1971),精神分析学に基づく力動的な理解,たとえば,乳幼児からの母子関係に着目するウィニコットの「愛情剥奪と非行」といったものが古典である(Winnicott, D.W., 1984=2005)。強迫性は発達障害との関連で,また,虐待との関係でも早期母子間の愛着障害が,再び注目されている。ユング派を含めた力動的アプローチ,ロジャーズ流カウンセリングの二大勢力に対して,新興勢力としての認知行動療法との派閥争いはあるとして,非行少年の

自尊心の低さや家庭・学校への居場所感の欠如は，心理臨床的アプローチの大きなターゲットである（石川，2007）。

社会的観点からは，かつては貧困，そして，怠学，不登校や中退などの学校からのドロップアウトを伴う教育からの疎外と非行との関連が強いことを実証的に明らかにしている（麦島，1990）。そして，現在では，親の学歴が子どもの意欲格差を生み（苅谷，2001），若者の希望を奪っている社会状況との関連性に焦点が当たっている（山田，2004）。

このような多面的な非行理解に加えて，「なぜ非行を犯さないのか」に答えるT・ハーシの「社会的絆理論（social bond theory）」が，非行臨床の理論基盤として重要である。その著書『非行の原因』において，「社会との絆（bond）が多い少年は非行をしない」とのアメリカの公立中学と高校生17,500人から抽出された5,500人余りの標本に対する質問調査の結果を考察している（Hirschi, T., 1969=1995）。そのなかで，非行を抑止する要因として，愛着（attachment），投資（commitment），巻き込み（involvement），規範理念（belief）の四つを挙げている。成績を上げたり良い仕事に就くために一生懸命になる（投資），勉強や部活動に熱中する（巻き込み），社会的ルールを守る（規範理念）に比べて，他者への情緒的なつながり（愛着）こそが重要であるとしている。他者とは，具体的には，親，学校，そして仲間であるが，なかでも，親とのつながりが大事であり，「悪いことをすれば親が一体何と思うだろう」「自分がどこで何をしているかを親は知っているだろうか」といった心理面も大切である。そして，親子の愛着を強化するには，「自分の考えや感じ方を親とわかり合っているか」「親と将来のことを話し合うか」などのコミュニケーションの親密さが肝要だと強調している。注目されるのは，親がたとえ反社会的傾向を持っていたとしても，階層上の地位や人種にも関係なく，「少年が持つ親へのつながりが強いほど非行を犯しにくい」との実証データの分析結果を明示している点である。これは，われわれの臨床経験とも合致している。

岡堂哲雄（1990）は，「少年非行のように複合要因によって生起する社会病理現象への取り組みには，システムズ・アプローチがもっとも適切である」とし，その理由として「非行少年個人への心理学的アプローチと，彼の行動の場あるいは境遇としての社会的文化的状況へのアプローチとが理論的に統合される枠

組みになるからである」と述べている。このシステムズ・アプローチでは，非行化に関わる諸要因の連鎖を円環的な認識論に準拠して理解し，最小限度必要な治療的介入を行い，少年やその家族自身が持つパワーを活性化させてより大きな変化を誘発させる〈エンパワーメント〉を主眼としている（生島，1993）。

>> 非行臨床におけるシステムズ・アプローチ

　システムズ・アプローチの基本は，「ものの基本構造は，階層化されたシステムが織りなす多層構造である」という全体的・俯瞰的・統合的理解である（遊佐，1984）。たとえば，家族システムは個人システム同様，内外の多くのシステムと関わりを持つ〈開放システム〉である。つまり，子どもの非行化という個人システムの問題は，子どものパーソナリティという個人システム内の事象でも，母子関係の歪みという家族システム内の事象でも，さらには，学校からの落ちこぼれを生み出す〈格差社会〉という社会システム内にとどまる事象でもなく，「すべてのシステムが関与している」というより広いコンテクスト（文脈）から理解する視点が重要である。

　これを臨床的に活用すれば，〈高校を中退して自信をなくしている〉〈ひとり親家庭で放任されている〉〈学校にも仕事にも行っていない〉16歳の少年の場合，〈個人カウンセリングにより自尊心を高める〉〈母親への思春期の子どもに接する心理教育〉〈アルバイトしながら定時制高校への進学を後押しする〉といったいずれのアプローチも有効であり，もっとも実現可能な早く着手できる手法が選択されることになる。個人システムへの介入は，精神分析的アプローチをはじめ濃密な関与が必要であり，社会システムへのそれは，複雑であり時間を要するものにならざるを得ない。個人と社会の中間に位置する家族システムへの働きかけが，効率的で〈使い勝手の良い〉ものであれば，それを選択するのがシステムズ・アプローチの根幹である。

　このシステムズ・アプローチのなかで，実証的に支持された処遇として欧米で名高いのが，「マルチシステミックセラピー」（Multisystemic Therapy : MST）である（Henggeler, S.W., 2008）。わが国の家庭裁判所調査官による試行も報告されているが（小澤，2006），その概要を列記してみよう。

1) 非行少年を取り巻く仲間，学校，近隣の人々など多様なシステムに働きかけるアプローチだが，そのエッセンスは家族への介入である。
2) MST の臨床基盤として 9 つの治療原則が掲げられているが，〈原則 3：介入は家族の責任ある行動が促され，無責任な行動が減るように計画される〉，〈原則 7：介入は家族の毎日もしくは毎週の努力を求めるように計画される〉，〈原則 9：養育者を励ますことで，複数のシステム内の環境にある家族のニーズを処理できるようにする〉など家族援助の基本が採用されている。
3) 「仲間との関係を変える」では，親が地域の社会資源を利用しながら働きかけること，「学校環境における学業面および社会面の能力を促進する」では，家庭と学校の協力体制の障壁を克服することといった，環境面を重視する生態学的な視点が強調される。
4) 認知行動的介入が個別治療の第一選択肢であるが，モデリングやロールプレイなどに加え，代替可能な解決法を案出する問題解決訓練が推奨されている。
5) 家族を地域社会の支援と結びつけるため，公的支援と地域社会の非公式の支援を活用する技量が重要であり，非行臨床が社会的支援として機能しなくてはいけないことが強調されている。
6) MST のアウトカムとして，ランダム化比較試験（Randomized Controlled Trials：RCTs）が実施され，短期的および長期的効果，費用対効果も優れていることが実証研究によって示されている。何より，MST の最大の特徴は，平均 3 〜 5 カ月，治療チームが地域の家族のもとに出向いて，1 日 24 時間，週 7 日，直接現場で介入し，毎週ケースカンファレンスを持ちながら，厳密なスーパービジョンが実施されるところにある。

▶▶ 科学的根拠に基づく実践

　この MST をはじめとして，家族システムの機能性を高める Functional Family Therapy などが，アメリカでモデルプログラムとして，その有効性が科学的に実証されている（Gordon, D.A., 2002）。有効性についての効果研究による判断結果を「エビデンス」といい，あらゆる臨床領域で，「有効／無効／有害」の根拠に基づくべきであるという主張が正論となりつつある。刑事司法においても，行政および専門機関として説明責任や可視化など社会からの要請に応える

ことは必要不可欠であり，エビデンスは強力な手立てとなるであろう。最近も，Functional Family Paroleと呼ばれる家族への治療的働きかけが，施設収容されるほどの犯罪性の高い青少年犯罪者の再犯率を減少させたとのアメリカ・ワシントン州での実践報告がまとめられている（Rowland, M.K., 2009）。

ポイントは，エビデンスの「質」であり，1）ランダムに割り付けられた実験群と統制群とを比較対照する研究デザインが採用されていること（内的妥当性），2）処遇プログラム実施による効果だと測定できるようにサンプル数を確保し，尺度の精度が十分であること（統計的結論妥当性），3）処遇プログラムによる介入方法が特定化され，その効果も正確に測定できるよう操作化されていること（構成概念妥当性），4）たまたま，そこでしか効果が上がったのではなく，どこでも誰でも同様の効果が認められるものであること（外的妥当性）の四つが重視される（津富，2008）。

しかしながら，エビデンスの質を担保した実践研究が現実に可能であるか，疑問は多い。たとえば，クライエントをランダムに割付けるためには，処遇プログラムを受けることを希望した者をさらに実験群と統制群の2群に分けて「平均的には等質」となるようにする必要がある。だが，臨床的にはやはり「必要性の高い者」を優先せざるを得ない。効果についても，刑務所内での懲罰回数など操作化しやすいものはいいが，性犯罪者の再犯などはわいせつ行為なども含めれば暗数が大きすぎる。何より，このMSTについても，Henggelerらの開発者グループがアメリカで実施したものは有効性が認められたが，カナダにおける大規模追試などでは無効となっているという（Littell, et al., 2005）。技術移転に伴うプログラムへの忠実性(fidelity) の問題もあろうが(法務総合研究所，2009)，1）意欲（野心）ある処遇者による，2）徹底したスーパービジョンにより実践者の処遇能力を高め，3）危機場面ではコンタクトが1日24時間とれるといった，処遇システムが整備されていることが肝心であるという当たり前の事実を認識したい。

≫ リスク・ニーズ・モデル

わが国の非行臨床でも，前述の「エビデンスの質」はともかく，「リスク・

ニーズ・モデル」と呼ばれる，非行の予測要因を確定し，それを処遇のターゲットにすることで，再犯リスクを下げるモデルが導入・展開されている。リスク・ニーズのアセスメントを専門とする家庭裁判所や少年鑑別所はもとより，保護観察所の類型別処遇や少年院の問題性別指導など，当該少年の再非行リスクとニーズ（問題性）を明らかにして，それをターゲットに処遇方針が立てられている。

　しかしながら，実践上の課題は少なくない。まず，面接所見や臨床経験による「直感」に頼ることなく，統計学の手法を用いるリスク・ニーズのアセスメントツールの開発が遅れている。年齢・性別・非行歴など「静的リスク要因」（Static Risk Factors）と呼ばれるものについては評定者の偏りはないが，介入によって変動しうる肝心の「動的リスク要因」（Dynamic Risk Factors）については，たとえば，家庭状況をみる「一貫性を欠いた養育態度」や態度・志向をみる「他者への無関心・無感覚」などの項目への評定は主観的にならざるを得ない。また，次の四つの原則を守って，リスクレベルに応じた効果的な処遇を行うことが，再犯リスクの低減につながることは間違いない（西野，2007）。以下に現場での実施には多くの障害が生じることを併せて指摘したものをまとめてみた。

1) **リスク原則**：リスクの高低に応じた処遇密度が不可欠だが，たとえアセスメントによる評点が低くとも，社会的関心が高い特異な重大非行などは，社会のニーズに従って濃密な接触による処遇が求められることになる。
2) **ニーズ原則**：再非行の原因となる動的リスク要因を処遇上の標的としたいが，これを特定化することは困難である。お金がないことによる窃盗は明解だが，薬物乱用者の再非行要因は性格，家庭および社会状況が複雑に絡み合っているからである。
3) **反応性原則**：クライエントの特性や置かれた状況にフィットした処遇内容や方法が選択されるべきだが，個別処遇が強調されれば，プログラム化やグループワークのメリットが活かされない事態を招来しかねない。
4) **専門的裁量原則**：個々の専門家の裁量が重視されるべきだが，統計学を活かしたリスク・アセスメントや科学的な実証性に基づくエビデンスの結果を歪め，恣意的な判断となるおそれが生じる。

非行臨床にとって致命的なリスクは，治安への体感不安を抱えた社会が再非行というリスクをゼロにしろと強要し，エラーを許さないシステム設計を求めている事態である。しかし，どのようなシステム，たとえばコンピューターの最新オペレーション・システムでもエラーはつきものである。心理臨床的アプローチに限らず，どのような手法を採ろうとも，失敗事例があることは認めざるを得ない。システム・エラーがあれば，データを公開して必要な説明を行い，臨床システムのバージョン・アップという当然の責務を果たしていかなければならない。

　ところで，非行臨床に関わる者にとって，2009年6月に広島少年院の教官，同年8月に彼らを主導してきた奈良少年院次長が特別公務員暴行陵虐罪で起訴され有罪となった事件は，「極めて遺憾」といった言葉では到底償えないものである。この次長らは，認知行動療法を中核としたエビデンスのある処遇理論を少年院に適用し，広島少年院は「驚異的な効果を上げた実践」として喧伝され，首相視察も行われた模範施設であった（向井，2005）。

　認知行動療法は，心理療法の中でも分かりやすく，数字で効果を示すことに長けた手法であり，通常約3割はある少年院出院後の再入院に関して「1年間の再入院率が0％」という実績が，われわれの目をくらませたのかもしれない。しかし，学びやすいアプローチは形式的な適用に陥り，エビデンスを重視すれば過大な効果を追求しがちで，無理につながることは常識である。何より，「効果があることなら何でもやってよいわけではない」という治療構造，処遇者との関係が，公的機関による非行臨床では存在することを等閑視してはならない。非行臨床が焦点を当てるべきは，問題性ではなく支援必要性であり，それもあくまで処遇者ではなくクライエントの「ニーズ」であることを再確認したい。

▶▶ 新たな臨床モデルの構築に向けて

　少年非行の約6割を占める窃盗であれ，傷害・殺人といった重大非行であれ，その本質は，自他の境界が不明確であり，自分とは異なる他者への共感性が欠如しているということができる。よって，非行臨床の目的として，自他の境界を明確化し，自己から他者への視点の移動・拡大による社会化を促すことが重

要である。

　システムズ・アプローチは，血液が全身にくまなく流れるように，あるいは，足裏のつぼを押さえても胃腸に効くように，どのレベルのシステムに働きかけても，その効果は他へ波及するというメリットを持つ。しかし，家族システムに着目することは，前述のようにハーシの実証理論によっても，また，クライエント本人に治療的動機付けが乏しく，家族にこそ危機感と援助ニーズが高い非行臨床の特質からも不可欠である。

　これらの諸事情を勘案し，自他の境界を明確化するために，自己から他者への視点の移動・拡大による社会化を促す臨床場面として合同家族面接を設定し，〈きちんとガタガタする経験〉を持たせることを主眼とした処遇モデルの構築を提唱したい。「本人からすれば……」「親からすれば……」と立場が異なると考えも感じ方もこんなに違うという葛藤体験を重視し，それを回避するのではなく，直面化させることを目的とした家族臨床である（生島，2010）。

　具体的には，親には親の，子どもには子どもの事情があることを認識し，自己および他者の不自由さを受け入れる体験のなかで，自らの危機状況を直視させる。そして，怠け・不良交友・薬物乱用といった現実逃避の〈偽りの解決〉ではなく，周囲にSOSを出し，適切に回避する手立てを学ばせることがポイントとなる。次に筆者の〈きちんとガタガタさせる〉体験を重視したアプローチの要点を述べたい。中学，高校のスクールカウンセラーなどの経験から，学校臨床でも有用であると考えている（生島，2009）。

1．面接場面で葛藤体験を味あわせる

　面接場面では，クライエントの心情（「you feel 〜」）を十分に聞き及んだ上で，面接者の受け止め方（「I feel 〜」），親や教師，友人の受け止め方（「He (She) feels 〜」），さらには社会の受け止め方（「They feel 〜」）と展開していく。すなわち，「父親からそう言われて，君からすると○○のように受け止めたのかもしれないけど，それを聞いている私からすると□□のように思えるな。ひょっとするとお父さんは◇◇のつもりで言ったのかもしれないけど，（本人が憮然としてくるので）君からするとやっぱり○○なのかな」と面接者や家族をはじめ周囲の者は，どのように本人の言動を受け止めたのかを冷静に再帰していく

手法である。クライエントは「こういう感じ方，考え方もあるのか」と，違和感も覚えながら，反発して援助の場からドロップアウトするぎりぎりの線まで，「自分のことをどうすれば分かってもらえるのか，これからどうすればいいんだ」と葛藤を抱え込んでもらう体験を意識的に面接場面に取り入れている。これを繰り返すことによって，自分と他者との視点移動を促していき，ひいては社会性の獲得につながるものと考えている。

2. 生活場面でのほどよい理不尽・雑用の勧め

　学校生活・就労といった社会的絆は，非行からの立ち直りにつながる重要なものである。その中で，級友や教員とのトラブル，上司や同僚との関係不良，そして，葛藤を抱え，理不尽でどうにもならない経験は必然的に生まれる。これらの社会性の伸長にリンクした体験は，自ずから成長と共に重ねるものであるが，身近なものとして家事を手伝うことや雑用と呼ばれるものを強く勧めている。具体的には，食事の後片づけ，風呂・トイレの掃除，洗濯物の取り入れ，布団の上げ下ろしなどである。いずれも家庭の維持・管理機能にとって必要不可欠なものであり，〈致し方ない〉とほどよい理不尽さを身をもって知ることができる有用な体験となりうる。さらに，"鼻つまみ者"の本人にとって，家庭での居場所感にプラスに働くであろう。しかし，このような理不尽な体験から，「相手も自分も思い通りにならない」ことを学ぶことなく，暴力的な言動により「どうにかしてしまった」成功経験をもってしまった場合は，自然という「壁」で思い知ることが必要になる。すなわち，児童自立支援施設や少年院の矯正教育現場で盛んに行われている自然体験活動により，「どうにも思い通りにならないこと」を体験し，他者と折り合うことを学ばせることが有用なのである。

3. 葛藤の隠蔽ではなく回避策の教示

　重大な非行事件が起きると，家族や友人関係における〈葛藤〉自体が問題視され，事件が起きる前の葛藤の排除が，社会から要請される事態となる。リスク・ニーズ・モデルからは，リスク要因となる葛藤を抱えた家族関係は処遇のターゲットとなり，リスク・アセスメントにより，ひとり親家庭や十代の親はハイリスクとして「目をつけられる」ことになる。

しかし，諸事情を抱えた家庭に対して予防を名目に問題視することは社会的排除につながる。葛藤の中で「致し方ない」「自分の思い通りにはならない」との体験を持つこと自体は必要で，それを威嚇や暴力といった不法な手段ではなく，解決に至らずとも少なくとも回避し，時間稼ぎに努めることがポイントとなる。臨床心理学的手法は，家族や学校から葛藤的な人間関係をなくして，表面的な関係を作る方策を教えるものではない。繰り返しになるが，人間関係の葛藤を隠蔽したり，ことさらに排除したりすることなく，〈きちんとガタガタした経験〉を持つ。そして，不良交遊や薬物乱用といった現実逃避ではなく，危機状況を直視して，非行に陥ることを回避する働きかけこそが〈筋の良い〉方略なのである。

4. 非行臨床におけるソーシャル・スキル

　非行から立ち直るための基本は社会常識の獲得であり，そのためには，「ならぬことはならぬものです」（会津藩「什の掟」）を厳格に教えることに尽きる。SSTは，非行臨床でも，少年院の社会適応訓練や筆者が取り組んできた保護観察所における「家族教室」などで活用されている。特に，葛藤状況の中で常識的な対応策を用いる能力が，ソーシャル・スキルの眼目になる。たとえば，夜遊びしている子どもから，「カネ，ウルセエ，死ね」と言われた挙げ句，「迎えに来い」との暴言に応じてしまう親が少なくない。「常識的に対応しなさい」と冷静に諫めつつ，精神的にまいっている親を心理的に支援することが不可欠である。また，葛藤場面により対処方法が異なるのはいうまでもないが，通底するものは，「自分は自分，ひとはひと」という自他の境界，「うちはウチ，よそはヨソ」や家庭内外の枠の認識を子どもに植え付け，その親にも繰り返し教示することである。

▶▶ おわりに

　昨今のエビデンスを重視する社会的要請は十分に理解しつつも，違和感を強く抱くというのが正直なところだ。エビデンスの最大の効用は，非行臨床機関として説明責任を果たし，リスクを抱えた非行少年のサポートを要請する際の

社会に対する説得力である。しかし，たとえば，統計的手法を駆使して処遇効果を訴えたところで，被害者（遺族）にとっては，加害者の更生は決して第一義的なものではなく，非行少年や家族を受け入れる地域住民にとっては，再犯リスクがゼロでなければ意味をなさない。それどころか，精密なエビデンスを基にした論調は，上から目線とかえって反発を招くだけであろう。

また，エビデンス論者の〈有効〉と筆者が多用する〈有用〉とは大きく意味合いが違う。たとえば，重大凶悪な少年非行が社会問題視されたときに，少年院で小動物を飼育させることが流行った。これは，確かに再非行抑止の観点から〈有効〉ではないだろうが，人を傷つけ，殺害したような少年が変わりうるというメッセージを社会に伝えることに関しては大いに〈有用〉である。非行臨床の生命線が，社会への受け入れを容認する〈まなざし〉である以上，たとえエビデンスは乏しくとも強力な言説は駆使されるべきだろう。

最後に，「エビデンスがない，有効でない，意味がない」といった物言いには抵抗がある。われわれのクライエントは，「こんなの勉強しても意味がない」と学校へも行かず，「意味ある仕事がしたい」と無為徒食状態に多くが陥っている。本章では，ソーシャル・スキルを学ぶためにも，いわゆる雑用を勧めているが，一見意味のないことでも仕方なく・しょうがなくやることの大切さを強調するものである。もとより，「やったことはしかたがないが……」との赦免の言説は，リハビリテーション・リカバリーの原点であろう。

[付記] 臨床研究を深めるにあたりご指導をいただいている東北大学大学院文学研究科の大渕憲一先生に感謝申しあげます。

引用・参考文献

Gordon, D.A. : Intervening with families of troubled youth : Functional family therapy and parenting wisely. In J Mcguire (Ed.) : Offenders rehabilitation and treatment. John Wiley & Sons, 2002.

Henggeler, S.W., et al. :（吉川和男監訳）児童・青年の反社会的行動に対するマルチシステミックセラピー（MST）．星和書店，2008．

Hirschi, T.（森田洋司・清水新二訳）非行の原因：家庭・学校・社会へのつながりを求めて，文化書房博文社，1995．

法務総合研究所：法務総合研究所研究部報告 42：再犯防止に関する総合的研究．2009．

井上公大：非行臨床．創元社，1981．

石川義博：少年非行の矯正と治療．金剛出版，2007．

苅谷剛彦：階層化日本と教育危機：不平等再生産から意欲格差社会へ．有信堂，2001．

Littell, J.H., et al. : Multisystemic Therapy for social, emotional, and behavioral problems in youth aged 10-17. Campbell Collaboration, 2005.

Marzillier, J., Hall, J.：（下山晴彦編訳）専門職としての臨床心理士．東京大学出版会，2003．

水島恵一：増補 非行臨床心理学．新書館，1971．

麦島文夫：非行の原因．東京大学出版会，1990．

向井義：少年院における年少少年の処遇について．家庭裁判月報，57 (12)；1-69, 2005.

西野務正：犯罪臨床におけるリスクアセスメント．（生島浩・村松励編）犯罪心理臨床．pp.136-147, 金剛出版，2007．

岡堂哲雄：非行の心理臨床．pp.7-31, 福村出版，1990．

小澤真嗣：マルチシステム・アプローチによる少年事件の調査．家裁調査官研究紀要，3；52-81, 2006.

Rowe, D.C.：（津富宏訳）犯罪の生物学：遺伝・進化・環境・倫理．北大路書房，2009．

Rowland, M.K. : Family-based reintegration. LFB Scholarly Publishing LLC, 2009.

生島浩：非行少年への対応と援助．金剛出版，1993．

生島浩：非行臨床の焦点．金剛出版，2003．

生島浩：社会支援・地域支援．氏原寛・亀口憲治他編：心理臨床大事典．pp.1133-1135, 培風館，2004．

生島浩：学校臨床の現場から．SEEDS 出版，2009．

生島浩：少年非行と家族．井上眞理子編：家族社会学を学ぶ人のために．pp.202-219, 世界思想社，2010．

十一元三：司法領域における広汎性発達障害の問題．家庭裁判月報，58 (12)；1-42, 2006.

津富宏：少年非行対策におけるエビデンスの活用．（小林寿一編著）少年非行の行動科学．pp.226-238, 北大路書房，2008．

Winnicott, D.W.：（西村良二監訳）愛情剝奪と非行．岩崎学術出版社，2005．

山田昌弘：希望格差社会．筑摩書房，2004．

遊佐安一郎：家族療法入門：システムズ・アプローチの理論と実際．星和書店，1984．

第Ⅲ部 非行臨床の新潮流

第2章
非行からの離脱とは何か
――離脱にいたる心理プロセスモデルの提案

河野荘子 *Shoko Kono*
[名古屋大学教育発達科学研究科]

>> はじめに

　筆者は，内界探求的な個人心理面接を専門としており，主な臨床の場は大学の相談室や精神科である。そこで会う非行を主訴とした少年たちは，矯正施設に入ることなく暮らしているという意味から，比較的犯罪性の低い人たちではないかと思う。また，治療機関にともかくも来談したという意味で，非行少年の中でも，ある意味，特殊なグループといえるかもしれない。

　非行少年との心理面接が困難をきわめることは，多くの研究者が指摘することである。石川（2007）は，「家庭裁判所などの司法的『権威』を用いて強制されなければ，治療の実施は不可能である」とまでいう。確かに，大学の相談室にくるような，比較的犯罪性が低いと考えられるようなケースであっても，継続的に来談するモティベーションを維持すること自体が難しく，さらに，他者の気持ちの理解に問題があるように感じられることが少なくない。家族に迷惑をかけたと言いつつ，自分の過去の窃盗を武勇伝のように得意げに語る者，被害者がどう感じているかよりも，今後自分が被ると推測される不利益（就職や進学に不利ではないか，元の学校に復学できないのではないかなど）のほうにとらわれてしまう者……，そういう少年に向き合うと，面接者には，彼らが自分の非行行為を悔いていることが伝わってこない。そのうち，面接者のほうが無力感にさいなまれ，心理面接の意味を見いだせなくなったり，「この人はダメだ」と早々に見切りをつけてしまいたくなったり，何が何でも反省させなければならないような気分になったりし始める。面接者がさまざまに揺り動か

されるからこそ，非行少年との心理面接は困難をきわめるのである。

しかし一方で，筆者は，一人の少年が，自分自身の非行行動の意味を考え，咀嚼し，新しく生きる方向性を見出すまでの過程に，物理的時間に左右されることなく寄り添うことのできる機会として，「司法的『権威』」のない相談機関での個人心理面接には得がたいものがたくさんあると考えている。非行という不適応的な自己表現方法に頼らなくても生きていけるようになる過程の中に，より普遍的な非行からの離脱の心理的プロセスが見いだせるのではないかと考えるからである。

▶▶ 非行からの離脱(desistance)とは

非行は思春期に好発期を迎える。しかし，そのまま犯罪性の高い生活へと移行していく少年は少数といわれる。「年齢を重ねれば犯罪をやめる人が増えるし，たとえ犯罪を続けたとしても，その回数は減っていく」(岡本，2006)のである。

1. 筆者が離脱のために必要だと考える内的要素：抑うつに耐える力

個人心理面接をベースとしていることもあって，筆者は，少年と向き合っている時に面接者がどのようなことを感じるかが，彼らを理解する際に，さまざまな情報や判断の根拠を与えてくれると思っている。もちろん，厳密な意味では，心理面接を終結した少年たちが，再び非行をしていないと立証することはできないのだが，筆者の経験から言えば，「もう大丈夫だろう」と面接者も少年自身も思って終結に至った後に，同じ主訴で再来談の連絡がくることはあまりないように思う。

非行を行動化された自己表現ととらえれば，非行という手段を用いることによって，少年たちは，自分の抱える内的な問題の本質から目をそらすことができるというメリットを手に入れる。それゆえ，なぜ非行をするのかを考えるプロセスには，少年自身の言葉にはできない内的特徴がさまざまに反映される。実際，自分の過去の非行行動に話が及ぶと，その場で体調が悪くなる者や，自分の寂しさや力のなさが話題になると，必ず喧嘩に強い自分をアピールする者

など，ある種，自分にとって都合の悪い事柄が面接のテーマになると，それを回避し，自分の内面を検討しないですまそうとすることが多い。困難な状況に置かれた時に使える対処法の少なさと，それゆえに特定の方法に固執せざるをえない大変さが現れているともいえるが，この傾向が強いうちは，面接は深まらないし，面接者には少年が再非行をしないだろうとは思えない。これは，生島（1999）が，非行少年の悩めなさと，その陰に潜む強迫性について論じていることとも共通するだろう。

　筆者が，離脱のために必要だと考える内的要素の一つは，「抑うつに耐える力」（河野，2003，2006）の向上である。これは，「自分の心の中で今何が起こっているのかを直視し，自信のなさ，孤独，不安など，自分にとって受け入れがたい情緒を適応的に処理していく，自己の内面に方向づけられた力」（河野，2003）のことをいい，Klein（1946）の提唱した，「妄想―分裂態勢」と「抑うつ態勢」の概念にのっとったものである。Kleinのいう，この二つの態勢は，個人が置かれた状況によってさまざまに形を変えて現れるとされ，特に抑うつ態勢では，対象に対して，連続した多面的イメージが描けるようになるとともに，悲哀や申し訳なさ，罪悪感などをもつことができるようになるとされている。少年たちは，自分の弱さに直面して落ち込んだり，自分が迷惑をかけた他者に対して申し訳ないと思ったりを避けようとする。つまり，強い／正しいと思っている自分に，弱い／正しくない側面があると認めることは，彼らにとっては耐えがたいことであり，何とかしてそれを避けようと動いているのである。言いかえれば，抑うつ態勢に移行することを避けようとして，さまざまな行動化の中に逃避している状態と考えられる。Maruna（2001）は，非行・犯罪から離脱していく人は，自らの非行・犯罪経験を通して学び，それを糧にして，心理的社会的に良好な状態を維持していくとするが，抑うつ態勢に移行することを避けていては，過去から学ぶことは難しくなろう。「抑うつに耐える力」を促進し，少年たちが怖がらずに抑うつ態勢へと移行できるだけの精神発達をするまで援助することが，非行臨床における重要な視点ではないだろうか。

2. これまでの非行からの離脱研究

　では，実際に非行からの離脱はどのようなプロセスをへて起こるのだろうか。

また，それに対して援助者は，地域は，非行少年たちを取り巻く人々は何ができるのだろうか。実は，これは，今まであまり議論されてこなかったテーマである。その背景には，データ収集方法の問題や，離脱という状態を客観的にとらえることの難しさなどが考えられるが，近年になって少しずつ，このテーマを扱った研究が報告されるようになってきた。

　鈴木・川崎・杉原・吉田・大場・辰野・久保（1992，1993）は，少年院仮退院者を対象に大規模な予後調査をおこない，退院後の就労の見込みやその後の職業選択の変遷，就労期間，雇用の形態，職種などの生活状況と，本人の資質などの属性との関連を分析している。その結果，少年院出院後の就労の安定が再犯を防止すること，就労の安定は，少年院入院前からの仕事が継続されること，家族などが見つけてくれた仕事であること，早い段階で就労先が決まっていることといった要因に影響されることが見出された。鈴木らの研究は，正確な意味での離脱研究ではない。しかし，少年院を出た後に，少年たちがどのような生活をしているのか，どのような特性を持つ少年たちが再犯に至りやすいのかといった傾向を理解するためには，非常に有用である。

　さて，非行からの離脱をライフコースから検討したものとして，Sampson & Laub（1993）があげられる。彼らは，Glueck夫妻が「少年非行の解明」で用いた膨大な量の縦断的データを再分析し，犯罪・逸脱行動と，それに影響を及ぼすインフォーマルな社会的コントロールとの力動的理論的モデルを構築した。そして，「逸脱から遠ざかるためには"よい結婚（安定した二者関係を結べるようなパートナーの存在）"と"よい就職（理解のある上司や同僚の存在）"が重要である」とし，「強い社会的絆（social bonds）を構築できれば，非行・犯罪から立ち直り，社会適応にいたる」と結論づけている。

　彼らの知見は興味深い。しかし，心理学的な要因を考慮に入れていない点が不十分である。これでは，社会的絆を持つことができるという個人の能力が大きく予後に影響することになってしまい，極端にいえば，それらに恵まれなかった個人は，犯罪からの離脱は難しいことになりはしまいか。どんなに職業訓練を充実させても，離脱には結びつかない事例もある。社会的絆をもつことのできる個人の心理特性に注目し，離脱に必要と推測される要因を抽出して，それを強化することも考慮に入れたアプローチを行うことができれば，まさに

Sampsonらの言う「誰でも非行・犯罪から離脱できる」可能性が出てくる。

そこで，白井・岡本・福田・栃尾・小玉・河野・清水・太田・林・林・岡本（2001）は，過去に非行歴があり，現在は安定した社会生活を送っている者の公刊された自伝を分析し，心理的変数も考慮に入れて，社会的絆が作られるメカニズムについて，生涯発達的観点からの検討を試みた。この研究は，公刊された書物を分析対象としているために，データそのものに歪みがあることは否定できないが，そういった限界をふまえた上で，彼らは，非行からの離脱に重要な要因として，

- 非行では居心地よくならない／自己実現できないという「気づき」をきっかけに非行が収束していくこと
- 「出会い」によって，能力を発揮できる対象を見いだし，社会的に望ましい方向で自己実現を図ろうとする変化が生じること
- 離脱の前提として，知的能力や気質など個人的な資質の高さも大切な要因になること

の3点を見だした。そして，白井らは，非行からの離脱の転機となるほどの意味ある「出会い」が成立するためには，周囲から何らかの援助が得られると同時に，少年の方にも，ある一定の内的準備性が必要であるとし，後に，これらの知見を発展させて，Sampsonらの力動的理論的モデルを参考に，非行リスクからの回復モデルを提唱している。

Sampsonらも白井らも，非行からの離脱を生涯発達的観点から検討している。一方で，白井らは，離脱という，人生の転換点を意味あるものにするための前提条件として，少年の内的準備性をあげてもいる。内的準備性をいかにはぐくむかという問題は，先の「抑うつに耐える力」とも関連してくるように思われる。

3. 非行からの離脱を支える心理プロセスモデル
1) 非行から離脱する内的過程はレジリエンスプロセスではないか

非行は，さまざまな人を傷つけ，脅かし，社会に多大な負の影響を与える。そのため，たとえ本人が，ある一定の罪を償って新たにやりなおそうと思っても，社会からの冷たい視線や無理解などに直面して，離脱がスムーズにいかないことは想像に難くない。「非行からの離脱には，罪の意識がもて，自己イメ

ージと他者への愛着を向上させられるような保護的な空間で時を過ごすことが大切」(Born, Chevalier, & Humblet, 1997) なのである。さらに，直面するうまくいかない状況は，自らの行為の代償である。少年は，大きなネガティブライフイベントを抱えつつも，それによって起こる不快で苦痛な出来事から，立ち直れないほどの深刻なダメージを受けたり，再非行化したりすることなく，その後の人生を生きていくことを余儀なくされる。この状況下においてもなお離脱できる個人を，筆者は，レジリエンス（resilience）という概念からとらえたい。

　レジリエンスは，もともとは物理学用語であり，日本語で「可塑性」「回復力」などと表記されることもある。概念定義の困難さのために，多くの問題点が指摘されてもいるが，本論では，レジリエンスを「ストレスフルなイベントの後でも，それに対する防御要因を増やし，対処法を身につけることで，その困難さに対処していこうとするプロセス」(Richardson, et al., 1990) とする。つまり，自らの非行によって引き起こされるネガティブライフイベントの後でも，それに対する防御要因を増やし，対処法を身につけていくことで，ある個人の非行からの離脱が進んでいくのではないかと考えるのである。この「防御要因」や「対処法」は，白井ら（2001）のいう内的準備性に含まれるものであろうし，これらを身につける場の一つとして，心理面接が想定できよう。くしくも Richardson ら（1990）は，上記の定義のもとに，個人と環境との相互作用を想定したレジリエンシープロセスモデルを作成し，ある問題を解決しようとしている人に対する，特別な訓練を受けた専門家からの働きかけをする場の一つとして，心理面接をあげている。そして，面接者という第三者と出会い，語ることをとおして，人は，新しいアイデンティティを創出し，レジリエントな再統合が進んでいくと説明している。

　もちろん，心理面接だけで，個人の非行からの離脱という大きな問題が解決するわけではない。しかし，自分の逸脱行動をふりかえり，周囲や自分自身に与えた影響を吟味し，それを引き受けていくことや，逸脱行動が自己実現には結びつかないと気づくことは，非行少年たちにとっては，今までのアイデンティティの崩壊を体験することにつながる。また，それにまつわる不安や心の痛み，葛藤を真に内に抱えることは，ただでさえ行動化しやすい彼らにとって，並大抵のことではない。その苦しさに向きあいつづけることもまた，大変なことで

ある。今までのやり方が通用しないという内的な「世界の崩壊」(Richardson ら,1990) の再統合を試み,その体験をどのようにして自己のものとし,新しいアイデンティティへと結びつけていくか。またその際,少年を取り巻く人々はどのようにかかわってくるのか。これを,面接過程で語られた言葉をもとに整理することで,離脱を支える心理プロセスモデルが提案できるのではないだろうか。

2) 非行からの離脱を支える心理プロセスモデルの提案

以上をふまえ,図1と図2からなる,非行からの離脱を支える心理プロセスモデルを提案する。これらは,河野 (2009) を改訂したものである。

図1では,循環的関係を図示した。図には,一つの循環しか示されていないが,最初の循環が次の循環をうむといった形で順次繰り返されることをイメージしている。この繰り返しを図示したのが,図2である。図2のコイルの横断面が,図1である。図2では,左から右へいくほど適応が進み非行行動は見られない状態になる。また,コイルの直径が大きいほど,個人が抱く葛藤は強く,コイルの目の詰まりが細かいほど,図1の循環的関係をテーマにした話題が出現する頻度が多いことを意味する。最初は高頻度で出現し,クライエントに大きな葛藤を体験させていたものが,物事に取り組む力の方向転換というターニングポイントを迎えることで,徐々に収束していく様子が示されている。この過程をへて,自らの心の準備状態を整えた後,少年たちは,社会の中で,面接場面で得た新しいアイデンティティを強化させ,成熟させ,それを糧にして,心理的社会的に良好な状態を維持していくと考えられる。

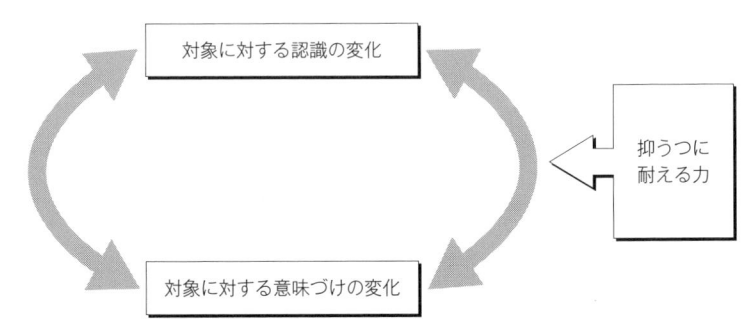

図1　非行からの離脱を支える心理プロセスモデル（横断面）

河野 (2009) を改訂

＊コイルの直径は個人の葛藤の大きさを示す。
＊コイルの目の詰りは話題として出現する頻度の多さを示す。

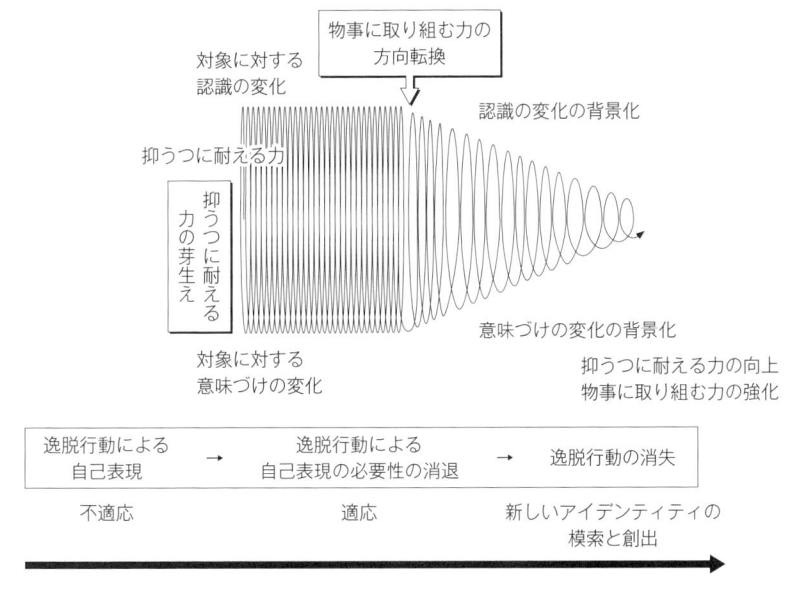

図2 非行からの離脱を支える心理プロセスモデル（縦断面）

　次節では事例を提示し，さらにモデルを説明する。なお，クライエントのプライバシーに配慮し，大筋を損なわない程度に内容を変更するとともに，文中に出てくる個々のエピソードは，いくつかの自験例を合成したものであることをつけ加えておく。面接者は筆者であり，「　」内はクライエントの言葉である。

▶▶ 非行からの離脱にいたる心理プロセスモデルの検証
　───ある青年期事例をもとに

1. 事例

　クライエントは，男子少年A。来談時は高校生であった。自分の問題について考えたいと，筆者が勤める相談機関に単独で来談した。父親・母親・妹の4人家族。生育歴上の特記すべき問題などはない。
　Aは，小さな頃はおとなしく，手がかからない子どもだった。成績はあまり

よくはなかったが，共通の趣味をもつ友達もいて，楽しく過ごした。ところが，中学2年生になった頃から，時々単独でのバイク窃盗をするようになる。高校2年生時には，度重なる窃盗事件のため，家庭裁判所で試験観察処分が決定，高校は，1カ月間の停学処分となる。しかし，処分解除後も同様の事件を起こしてしまい，家族に勧められて来談にいたる。

　面接開始当初，Aは，主に父親への不満を述べ，厳しく頑固で頭ごなしにものを言う父親と，それに対して何も言えない自分について，時には涙を浮かべながら語る。父親の厳しい嫌なイメージを強調し，自分の気持ちを理解してもらえないイライラが面接の中心テーマとなる。しかし，あるセッションで，家庭裁判所で出会った男性調査官に初めて親しみを感じたことを思い出し，Aは，それまで自分が，調査官や警察官といった「権力をもっている存在」に対して「敵対心」をもっていたこと，それは父親に対しても同じであることに言及する。

　このセッションの後，実生活では，父親との接触や会話の回数が増え，Aは父親に対して，「優しいイメージ」が持てるようになる。今までは，怖くて厳しい一面のみが語られていたのに対して，この頃には，「怖いけれど，実は自分のことを気遣ってくれていた」「厳しいばかりだと思っていたけれど，ちょっと抜けているところもある」など，父親に対する見方が柔軟になり，父親イメージに変化が見られはじめる。それとほぼ並行して，自分自身についても，「父親に従ってしまう弱い自分と，悪ぶっている自分の両方がいる」と多面的に語るようになる。また，妹や母親と父親について話し，「妹やお母さんは，お父さんが面倒なことを言いはじめると，適当に返事をして流すと言っているけれど，僕にはそれができない。お父さんにウソをつくことになるような気がする」など，他の家族構成員と自分との違いを言語化するようにもなる。

　その後，Aは，バイクの運転免許の取得を決意する。運転免許は，Aにとって憧れだったが，「落ちるともう立ち直れない気がして」長い間放置されていた課題でもあった。その後，紆余曲折あるが，父親のアドバイスに助けられ，Aは無事免許を取得できる。この頃には，面接では，父親や家族のことは話題にはならず，むしろ，自分は将来どのようにして生きていくかが，大きなテーマとなる。そして，希望の職業に就くために，今何をやるべきかを自分で考え，

少しずつ取り組み始める。面接は約1年で終結，以後来談はない。

2. モデルと照らし合わせて

事例の少年Aの経過をふまえ，非行からの離脱にいたる心理プロセスモデルを検証する。まず，この事例の特徴として，Aが，自分の問題について考えるために来談したという経緯は見逃せない。Aは，停学処分を受けてもなお収まらない自分のバイク窃盗という行為に違和感をもっており，また，そういった自分に悩んでいる様子がある。おそらくAは，不安や葛藤などを体験できるだけの抑うつに耐える力をある程度は持っていたと推測される。図2は「抑うつに耐える力の芽生え」から心理的プロセスが始まることになっているが，Aの場合，その素地は十分にあったと言ってよいだろう。

さて，図1である。Aは，面接開始当初，自分と父親を，「厳しく頑固で頭ごなしにものを言う父親」と「何も言えない自分」という関係性でとらえていた。この時のAにとって，父親は，敵対心をもっている相手である。時に涙ぐんでいたことからも，父親との関係性の中で，彼が悔しさやうまくいかなさを感じていたことは十分想像できる。このような固定化した父親への認識が，あるセッションを境に，Aの中で明確に意識される。Aにとっては，この経験が最初の転機となったようである。

その後，父親とのかかわりが増え，Aは，徐々に父親を多面的な存在として認識するようになる。これは，同じ父親という対象に対して，今までとは違う認知が起こったことを意味している。これを「対象に対する認識の変化」と命名する。

当然，上記の認識の変化は，本人にとって，受けいれることの難しい事柄に目を向けさせられることにもつながる。つまり，責めるばかりではない，良い面もあわせもつ存在として父親を認識した時，Aは，今までよりもより強く，明確に，敵対心をもって父親を攻撃していた自分に気づき，罪悪感や申し訳なさなどを体験したと思われる。これはまさに，Klein（1946）のいう抑うつ態勢への移行といえよう。自分を責める感情は，「抑うつに耐える力」が不足していると，過剰に耐えがたいものと感じられるため，人はさまざまな防衛的対処法をとる。それは，せっかく起こった認識の変化自体を打ち消してしまおう

としたり，今までのやり方（Aの場合は，父親に敵対心を向けて攻撃しつづけること）に固執したりすることなどで表面化する。この危うい局面を乗り切ることができるようサポートすることが，心理面接の重要な役割といえる。

その後，Aは徐々に以前よりも父親を受け入れる姿勢を示すようになり，適切なアドバイスをしてくれる援助者として父親の存在を意味づけていく。これは，先に対象に対する認識の変化が起こり，それに付随する感情に向き合い続ける中で抑うつに耐える力が機能，強化された結果，Aの中で父親との関係性のとらえ直しが起こったためである。これを「対象に対する意味づけの変化」とする。

以上は，Aと父親との間で起こったことである。これは，心の中のある一つのスポット，あるいは出来事の一つにすぎない。しかし一方で，この変化は，Aと父親の間のみで収束するものではない。Aの場合，面接の経過の中で父親イメージが変化するのとほぼ同時に，自分自身について，父親に何も言えないだけではなく悪ぶっている部分もあることが語られたり，妹や母親との考え方の違いが話されたりしている。ある対象に対する認識の変化を契機に，自分自身や妹，母親など，対象を変えて，認識の変化が順次繰り返されていくと考えることができそうである。ここに，離脱へのプロセスが発生する。それを図示したのが図2である。

図2に描かれているコイルの前半部分（目の詰まっている部分）は，さまざまな対象に対する認識の変化が起こっているため，本人にとって，それは激しい自己変革にも等しく，葛藤的で，より個人の内的世界が重要視されている状態といえる。しかしこの状態は，Aが，バイクの運転免許の取得を試みたように，現実世界で具体的に何かに取り組むことによって，徐々に収束しはじめる。つまり，それまでは，自分の内界を探求することに（もっと古くは非行行動に）向かっていた，少年のもつ「物事に取り組む力」が，より現実に即した適応的な物事に向け変えられることによって，これまで問題となっていた内的・個人的事柄は背景に退き，代わって，未来の目標や取り組むべき課題を遂行することへの意識と意欲が前景化すると考えられるのである。もちろん，現実的な課題を遂行するにあたって，さまざまな困難に出会うことだろう。しかし，これまでの過程の中で培ってきた抑うつに耐える力によって，過去から学び，この

局面をどう乗り切るべきか，あるいは，目標を達成するためにどうすればよいか考えられるようになっている彼らは，非行という過去の対処法を用いる必要がない。このようにして，非行からの離脱は進むのではないだろうか。

❯❯ まとめにかえて

　抑うつに耐える力とは何なのか，どのようにすればその力は高まるのかなど，まだまだ検討すべき課題は多く，さらなる事例の積み重ねが必要である。また，離脱という概念は，定義自体が難しい。Bornら（1997）のように，調査対象者を過去数年のスパンで切り取り，その期間内の公式記録をもとに，「逮捕される以前に深刻な非行行動をおこなっていた時期があり，その後，非行行動を減少させた者」を「離脱した」としている場合もあれば，Veysey（2008）のように，心理的・社会的観点から，「価値のある，新しい社会的役割の獲得ができた時」を離脱とする場合もある。Bornらの定義では，対象者は非行行動を減少させただけであり，非行から離脱したとは言い難いし，Veyseyの定義は，離脱した状態のイメージがあまりにも漠然としている印象が残る。このような現状をふまえ，Farrington（2007）は，離脱研究の今後の主たる検討課題を16項目あげ，これらそれぞれが，年齢・性別・人種や文化などによってどう変わるのか検討される必要があると指摘している。

　非行からの離脱に関する知見の蓄積は，まだまだ十分ではない。離脱をどうとらえるかというテーマ一つを取ってみても複数の考えがあり，立場によっては，研究の困難さが増してくることも想定できる。しかし，離脱していく者の内的プロセスや特徴，ライフコースなどが明確になれば，今まさに問題を抱えている少年たちに対する援助方法も処遇も，より具体的で的確，効果的なものになることが期待できる。今後の発展が大いに期待されるテーマだと言えよう。

参考文献

Born, M., Chevalier, V. & Humblet, I. : Resilience, desistance and delinquent career of adolescent offenders. Journal of Adolescence, 20 ; 679-694, 1997.

Farrington, D.P. : Advancing Knowledge About Desistance. Journal of Contemporary Criminal

Justice, 23 (1); 125-134, 2007.
石川義博：少年非行の矯正と治療：ある精神科医の臨床ノート．金剛出版，2007.
河野荘子：非行の語りと心理療法．ナカニシヤ出版，2003.
河野荘子：非行の語りと心理療法：「抑うつに耐える能力」を中心に．(生島浩編）現代のエスプリ462：非行臨床の課題．至文堂，pp.181-188, 2006.
河野荘子：Resilience Process としての非行からの離脱．犯罪社会学研究，34；32-46, 2009.
Klein, M.: Notes on Some Schizoid Mechanisms. 1946.（小此木圭吾，岩崎徹也責任監修）メラニー・クライン著作集4：妄想的・分裂的世界．誠信書房，1985.
Maruna, S.: Making Good. American Psychological Association, 2001.
岡本英生：非行からの立ち直りの要件．(生島浩編）現代のエスプリ462：非行臨床の課題．至文堂，pp.170-180, 2006.
Richardson, G.J., Neiger, B.L., Jensen, S. & Kumper, K.L.: The Resiliency Model. Health Education, 21 (6); 33-39, 1990.
Sampson, R.J. & Laub, J.H.: Crime in the making: Pathways and turning points through life. Harvard University Press, 1993.
白井利明，岡本英生，福田研次，栃尾順子，小玉彰二，河野荘子，清水美里，太田貴巳，林幹也，林照子，岡本由実子：非行からの少年の立ち直りに関する生涯発達的研究（Ⅲ）：ライフストーリーの研究．大阪教育大学教育研究所報，36；41-57, 2001.
鈴木一久，他：少年院仮退院者の特性と成行きに関する研究（第1報告）．法務総合研究所研究部紀要，35；203-237, 1992.
鈴木一久，他：少年院仮退院者の特性と成行きに関する研究（第2報告）．法務総合研究所研究部紀要，36；191-209, 1993.
生島浩：悩みを抱えられない少年たち．日本評論社，1999.
Veysey, B.M.: Rethinking reentry. The Criminologist, 33 (3); 1-5, 2008.

第Ⅲ部　非行臨床の新潮流

第3章

矯正教育の新潮流

小原多須奈 *Tazuna Ohara*
[青森刑務所]

›› はじめに

　非行少年・犯罪者に対する施設内処遇を意味する「矯正」においても，プログラム化の展開が著しい。筆者は，大学院で犯罪心理臨床を学んで法務教官となり，5年間は少年院で非行少年に対して，現在は刑務所で成人犯罪者に対して，矯正処遇のプログラム運用に従事している。少年院の法務教官としては，少年の生活母体である寮の担任業務を行い，昼夜問わず少年と接する立場で勤務した中で，いくつかの矯正教育の変化を経験した。そこには，関連する次の三つのことが指摘できるように思われる。一つ目は，発達障害の視点を取り入れた処遇，二つ目は認知行動療法の導入，三つ目は保護者に対する措置や被害者に関連する法改正を伴う制度面の整備である。本章は，これらの新たなアプローチを「矯正教育の新潮流」としてとらえて，少年院現場からの実践報告を中心に筆者の経験を交えてまとめてみたものである。

›› 少年院と矯正教育

　少年院は，全国に52庁ある法務省の機関である。家庭裁判所から保護処分として送致された少年を特性及び教育上の必要性に応じて，少年院の種類（初

等，中等，特別，医療），処遇区分（収容期間6カ月以内の短期及び2年以内の長期），処遇課程（生活訓練，職業能力開発，教科教育等）により分類，編成し，医療少年院を除いて男女別に収容している。

矯正教育は，生活指導，職業補導，教科教育，保健体育，特別活動の五つの指導領域からなる総合的な教育である。中でも，生活指導は，衣食住などの基本的な生活習慣に関する指導から健全なものの見方，考え方，自分の犯した非行の振り返りや反省，適切な対人関係の築き方，出院後の生活設計などについての指導であり，矯正教育の中核として位置付けられる。具体的には，個別の面接指導や作文などの課題に取り組ませる個別指導と，少年の問題性や処遇段階に応じて集団を編成し，交友や家族関係，交通や薬物問題などについて指導する問題行動指導やアサーショントレーニング，SST（Social Skills Training）などの指導を行う集団指導が行われている。

これらの指導は，入院時に一人ひとりの社会復帰に向けて必要と考えられる教育目標および内容・方法によって構成される個別的処遇計画に基づいて個別担任を中心に実施している。個別的な処遇が必要になるのは，少年院に入ってくる非行少年が，家庭裁判所に送致される少年の約4％と非常に非行性が進んでいるグループであり，問題性も多様であることと関連している。そのような少年に対して効果的な矯正教育を行うために，まず，少年が落ちついて話を聞く土壌，すなわち「更生的風土」を作ることが基礎となる（小柴, 2007）。これは，改善意欲に乏しい少年に対して，軍隊調の行進や点呼などの集団行動を習得させ，厳格な規律と定められた生活様式を身につけさせる中で，指導を素直に受け入れる姿勢を形成するものである。「新潮流」という言葉のイメージとは相反する印象をもたれるかもしれないが，言うまでもなく，非行少年を少年院の管理の下に縛りつけるためではなく，「決められたことを守っていれば大丈夫」という安心感を与えることや，周囲と協調して行動することの大切さを学ばせることが目的である。最初はうまくできなかった単純な行動も，繰り返す練習の結果できるようになって効力感は高まり，評価されることで自尊心も向上する効用を実感している。そのような安心感のある環境に身を置き，職員との信頼関係が形成される中で，少年の改善更生に向けたさまざまな指導が浸透していくのである。

▶▶ 発達障害の視点を取り入れた処遇と認知行動療法

1. 非行と発達障害

　発達障害者支援法の制定や学校教育における特別支援教育の取り組みなど，発達障害に対する特別な対応の必要性が注目されている。少年院に入院する少年の中には，発達障害の診断を受けたものは多くないが，発達上の問題が疑われる少年は少なからずいることが指摘されており，矯正教育においても，発達障害の視点を取り入れた処遇の重要性が高まっている。細井（2006）は，少年院における基本的な処遇・指導方法として，①情報処理過程の特性に応じて処遇・指導すること，②体験型の学習スタイルをとり，教官が模範になるなど，「モデリング」が重要であること，③「様子を見る」「見守る」のではなく，目の前にある，できるところから指導すること，④抽象的なものより具体的なものから指導すること，⑤できた場合にはすかさず褒めて，成功体験を積ませるように課題を与えることが重要であるとし，行動療法的ないし認知行動療法的な手法が大切であると指摘している。

2. 処遇困難な少年への対応

　少年院は，集団生活による処遇が行われているが，性格に著しい偏りが見られ，感情統制が困難で規律を乱して集団生活になじめず，個別の対応を要する処遇困難な少年もいる。その中には，発達障害が疑われる場合が少なくない。
　伊藤（2010）は，処遇困難な少年の状態を，重度の問題行動を繰り返し，職員の指示や指導などを一切受けつけず，コミュニケーションの成立すら困難な状態にある「活発期」と，大きな問題行動が減少し，職員との接触が可能な状態になった「回復期」とに分けて処遇方針を検討する考え方を示している。「活発期」には，問題行動の沈静化に焦点を当てて対応することが先決であるが，「回復期」に入ってからも，減少した問題行動はあくまで見かけ上のものである場合が多く，すぐに集団生活に移行することはできず，継続的な個別指導を要することになる。資質的，能力的に制約の多いこのような少年に対しては，まずは手を変え品を変えながらアプローチし，職員から提示されたものに取り

組ませることを習慣化させながら，職員との信頼関係の形成や生活の正常化を図ることが処遇の基本であるとしている。

3. 矯正教育における認知行動療法的アプローチ

認知行動療法は，近年，刑務所における改善指導も含め，矯正施設において盛んに取り組まれているアプローチの一つである。内面的な働きかけに重点を置くアプローチに比べて実施方法が分かりやすく，数字で効果を示しやすい手法である点で取り入れやすいことによるものと思われる。その中で，筆者も関わった処遇困難な少年の感情統制に焦点を当てた攻撃置換訓練（Aggression Replacement Training：ART）を実施した事例があるので紹介したい。攻撃置換訓練は，攻撃性を暴力的に表出しやすい児童・青年に対し，最終的には非行や犯罪などの社会的逸脱の予防を目指して開発されたものである。プログラムは，適切な社会的行動を身につけさせるスキル・ストリーミング，怒り感情の表出を制御するスキルをコーチング法で習得させる怒りコントロール訓練，敵意的なものの見方などの認知的な歪みを教育するための道徳推論訓練の三つのカリキュラムからなる。筆者が訓練補助者として関わった事例は，小学生時から粗暴傾向が顕著で児童自立支援施設への入所歴もあるなど，低年齢児から非行歴があり，感情統制の悪さが著しく集団生活が困難な少年だったことから，怒りコントロール訓練を個別対応（訓練者と補助者の二名の職員で指導し，補助者とロールプレイを行う方式）により適用し，情動制御面に働きかけた。訓練を重ねる中で，一時的に問題行動が減少する時期があり，居室内での個別処遇から居室外での活動参加の機会を設けるなど，処遇の幅を広げることができたが，それとともにわがままな言動から粗暴な行動をとることが再度見られ始めた。しかし，以前とは異なり，短時間のうちに怒りの感情から態度を軟化させ，職員に謝罪をすることができるようになるなど，感情統制のスキル習得に一定の効果が見られたものである（三浦・他，2007）。

▶▶ 保護者に対する措置

非行はあくまで少年本人の問題であるが，少年に大きな影響を与える家族の

機能障害が非行と関連を持つことは古くから指摘されている。少年院に入院する少年では，この傾向がさらに顕著であり，2009年の統計で実父母のそろっている割合が男子少年で35.4%，女子少年で28.7%と低く（図1），非行性の進度に大きく影響していると考えられる。もちろん，少年の改善更生にとっても重要な存在であり，家族へのアプローチは欠かせないものである。

　矯正教育における家族へのアプローチは，生活指導領域の保護関係調整指導として位置付けられ，従来から取り組まれてきた。具体的には，共通する教育課程にある少年の保護者を対象として少年院教育について説明し，理解を促す保護者会の実施，各種の面会や手紙のやり取り，教育行事への参観などが行われてきた。また，少年と家族が直接関わる機会は限られているため，その時間を有意義なものにするために，少年に対して課題作文やロール・レタリング（役割交換書簡法），SSTなどによって家族に対する感情を整理させてきた（法務省矯正局，1999）。

　これまでの取り組みには，法的な裏付けがなかったが，2007年11月に少年院法が改正され，保護者に対し，指導，助言その他の適当な措置をとることができることとする保護者に対する措置の制度が法律上明記された。これによって，各少年院においてこれまでの働きかけをより充実させる取り組みが積極的に行われるようになった。しかし，あくまで任意であり，後述する少年院から

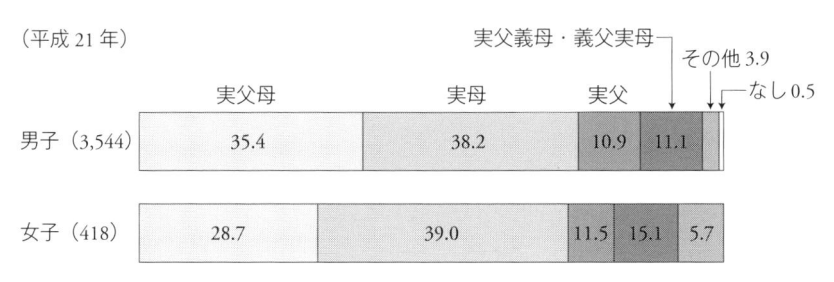

（平成21年）

	実父母	実母	実父	実父義母・義父実母	その他3.9	なし0.5
男子（3,544）	35.4	38.2	10.9	11.1		
女子（418）	28.7	39.0	11.5	15.1	5.7	

注1　矯正統計年報による。
　2　その他は，養父（母）等である。
　3　（　）内は，実人員である。

図1　少年院入院者の保護者状況別構成比（男女別）
（犯罪白書 2010：4-2-4-7 図）

165

のアプローチにまったく応じない保護者がいることも事実である。

1. 矯正教育に関する情報の提供

矯正教育および生活の概要，出院までの流れなどを記載した保護者ハンドブックを作成し，配布することになった。新入時教育期に行われる最初の保護者会では，施設見学などとともに保護者ハンドブックの説明を行うことで，矯正教育に対する理解と協力を求めている。また，保護者に対し，個別的処遇計画の内容，処遇段階の移行時及び出院前に成績評価について説明し，少年の変化や残された課題などの情報を保護者に対して提供している。その他，季節ごとにニュースレターを作成し，在院少年の様子や教育活動の紹介などをしているところもある（栗栖，2010）。

2. 教育活動への参加の促進

1) 保護者参加型の教育活動

教育活動への保護者の参加は，これまでも運動会や文化的な学習体験の発表会などの行事について行われてきたが，保護者の参加の機会を増やす新たな取り組みが行われるようになった。具体的には，読書感想文や少年院生活の体験を発表する機会など，これまで在院少年のみで実施してきた活動への保護者の参加や親子合同でのSSTの実施がある。さまざまな教育場面を見ることで，保護者が少年の新たな一面に気づくことができる機会になり，親子の交流が深まることが期待できる。また，これらの教育活動への参加と面会や職員による保護者面談を同日にまとめることで，遠方から来院する保護者に対して効率のよい措置が取られている（宮村他，2010；光岡，2007）。

ところで，非行には性差による特質があることが指摘されており，女子少年に対しては，男子少年に比べて家族関係についての指導や保護者への働きかけがさらに重要になる（大河内，2006）。女子少年院では，被害者感情の理解や食育指導，望ましい親となるための指導などの保護者参加型授業への参加を促すことで，共に学ぶ機会を設けている（諸井他，2007・中村，2009・西本，2010）。

2）保護者対象の講習会

　出院後の少年とどのように接するべきか不安を抱えている保護者も少なくないことから，その不安を軽減するための取り組みとして保護者を対象として再犯のリスクファクターや交友関係，就労などのテーマによる講習会が行われている（下村他，2009）。さらには，「『非行』と向き合う親たちの会」といった当事者グループを講師に招き，母親として子どもと共に更生に向かってきた過程を語る講演も行われており，保護者の立ち直りへの動機付けを高める取り組みとなっている（織田，2006）。

3. 保護者に対する措置の実際

　保護者に対する措置の実際について，親子関係の改善の必要性が高かった事例を紹介する。

　　A少年は，短期処遇の少年院を出院して，間もなく再非行により長期処遇の少年院に入院した非行性の進んだ少年である。入院後，1カ月が経った頃に行われた新入時保護者会で，初めての面会が行われたが，少年は両親からの問いかけに反発した態度を見せ，母は再び事件を起こした少年の行状に困り果て，「出院後に引き受ける自信がない」と涙を流していた。

　　その後も両親は，月1回のペースで面会に来たが，同様のやり取りが続いた。ますます，子どもとの関係に自信を失う両親に対して，遠方から30分の面会のために来院する労をねぎらうとともに，口数の少ない少年に変わって筆者が質問し，親の思いを聞かせる場にした。また，「理由は分からないけど親は嫌い」と自分の都合ばかりを述べ，両親の気持ちを考える姿勢に乏しい少年に対して，家族関係を振り返る課題作文やロール・レタリングによって家族の思いを考えさせた。しかし，「出院後に明るい未来が見えない」と述べる少年は，院内で違反行為を繰り返すなど，真剣に自分の将来を考えることができずにいた。面接の中で，自分の都合だけではなく，決まりを守らない生活を周りがどのように感じるか考えてみるよう指導すると，外の生活では，決まりを破っては迷惑をかけた家族への思いに徐々に考えをめぐらせるようになり，反省の気持ちを持つようになっていった。

　　その後，日頃の学習体験を発表する文化祭があり，家族への思いを作文で表現することになった少年は，家族への謝罪と感謝を泣きながら朗読し

た。作文を聞いた両親は少年の気持ちを知ることができ，その後に行われた面会では，相変わらず少ない会話ながらも互いに照れ笑いを浮かべるようになった。徐々に出院が近づき，進路についての相談を手紙や面会で行えるようになり，出院準備教育期に丸1日かけて行われる特別面会では，個別担任が立ち会うことなく話し合いをすることができるようになった。

　保護者に対する措置は，保護者に対し，指導，助言などを行うものとされているが，少年と年齢が近い若手職員の中には，戸惑いや抵抗を感じる人も少なくないと思われる。筆者もまた，保護者に接する際，指導をするというよりは，面会のために来院した親に対して労をねぎらうとともに，親の思いを少年と共に学ぶような姿勢を心がけてきた。面会の機会や時間は非常に限られているので，日頃の個別面接や作文などの課題に取り組ませることで，自分の都合ばかりでなく，親の思いを考えさせる機会を持たせようと考えている。

›› 被害者の視点を取り入れた教育

　2000年に少年法が改正されて以降，非行による被害者（遺族）への対応が制度化され，重要な位置付けになった。元々は，家庭裁判所における審判段階において，被害者（遺族）からの申し出により，心情や意見を聴取することなどから始まったが，矯正教育においては，2005年に法務省矯正局から「少年院における被害者の視点を取り入れた教育について」という指針が示された。被害者の視点を取り入れた教育の充実とその体系的な実施を意図した枠組みが明確にされ，少年院における生活指導全般の取り組みに被害者の視点を取り入れた教育を意識した指導が求められている（村尾，2006）。さらには，2008年に被害者に対して，在院少年の教育状況などを通知する被害者通知制度が実施されることになった。犯罪被害者に対して，少年院における少年の立ち直りの現況を伝えるという非常に責任の重い役割を担うことになり，矯正教育の透明性と説明責任が求められることになった。

　被害者の視点を取り入れた教育を行う上で，被害者感情を理解させることはもっとも重要である。少年院では，犯罪被害者（遺族）の手記やVTR視聴に

より被害者感情に触れさせるとともに，ゲストスピーカーの講演として，犯罪被害者（遺族）の協力を得て生の声を聴かせる機会を設けている。一方，被害者の視点を取り入れた教育を特に重視すべき，生命を奪ったような重大な事件を起こした少年の多くに，発達障害の疑いが指摘されている。内省を促すことが難しい少年に対して被害者感情をいかに理解させるか，また，具体的な償いの方策についても，経済感覚や就労体験に乏しい少年にどの程度考えさせられるか。少年自身はもとより，家族も事件の重大さに直面できていない場合があり，指導の難しさはさまざまである。少年の資質上の限界と被害者（遺族）の求める教育状況の達成度との折り合いをどのようにつけるかが大きな課題であると痛感している。

▶▶ おわりに

　国の機関である少年院の教育効果は，少年や家族だけではなく，社会全体に対しての説明も求められる。被害者通知制度が設けられるようになったことからも，その重要性はさらに高まっているといえるだろう。処遇効果の根拠に基づいた説明，すなわち，エビデンスとして実証性のある処遇をしなければ，社会の理解を得られないだけではなく，何より指導を受けた少年自身，納得して行動を改めることもできない。さらには，保護者の協力を得ることもできないことを再認識しなくてはいけない。根拠に基づいた指導計画を立て，実施するだけではなく，指導内容を評価し，見直す作業が一層重要になってくると思われる。

　また，評価という点で，少年院では定期的な成績評価により，少年の成長や目標への到達度を示し，その評価をフィードバックすることによって少年自身に自分の成長と残された課題を認識させ，改善更生への動機付けを図ることが肝要である。このときに，少年の自己評価と職員による他者評価のずれや，否定的側面をあえて示して行動の改善を働きかけることも必要になる。これは，少年にとって受け入れがたいものであり，「対決場面」になることもあるが，成績評価のフィードバックによって生じる葛藤状態を少年が受け止め，行動の変化に結びつけていくことに，学校教育とは異なる，矯正教育固有の意味が認

められる（生島，1999）。

　家庭裁判所による保護処分の執行であることから，当然ではあるが，矯正教育を実施するに当たり，職員は，少年との間でときに対決場面が生じるなど，特別な権力関係のもとにあることを十分に自覚して処遇に当たらなければならない。ところで，2009年に広島少年院において，収容少年に対する不適正な処遇により，複数の法務教官が特別公務員暴行陵虐罪で起訴された事案は，同じ職責にある者として非常にショッキングなものだった。同種事案の再発防止のために，第三者機関の関与といった処遇の透明化を図るなどの必要な対策が講じられようとしている。一方で，少年の改善更生のためには，根拠を持って適正だといえる処遇を積極的に行う姿勢も忘れてはならないと思う。そのような厳しい葛藤状況の中で，矯正教育の新潮流を発展させる処遇力の向上を進めていく責務を痛感している。

参考文献

細井保宏：発達障害のある非行少年の処遇：少年矯正施設での取組に関して．（生島浩編）非行臨床の課題．現代のエスプリ，462；42-53, 至文堂，2006.

法務省矯正局編：家族のきずなを考える：少年院・少年鑑別所の現場から．大蔵省印刷局，1999.

伊藤真名世：少年院における処遇困難少年の処遇．刑政，121 (5)；30-40, 2010.

小柴直樹：小田原少年院における「更生的風土」構築への取組み．刑政，118 (10)；80-86, 2007.

栗栖素子：女子少年院における保護関係調整指導の現状と課題について．犯罪と非行，163；95-110, 2010.

光岡浩昌：少年院における「保護者への働き掛け」について．犯罪と非行，153；83-97, 2007.

三浦秀徳，他：少年院における処遇困難者に対し攻撃置換訓練（ART）を適用した事例．犯罪心理学研究，第45号特別号；64-65, 2007.

宮村晃司，他：保護環境調整に資する保護者に対する措置．矯正教育研究，55；37-42, 2010.

諸井隆子：保護者への働きかけ：問題群別指導における保護者と少年の共学授業．矯正教育研究，52；28-35, 2007.

村尾博司：被害者の視点を取り入れた教育．（矯正協会編）矯正教育の方法と展開：現場からの実践理論，pp.393-409, 矯正協会，2006.

中村望：望ましい親となるための指導と保護者参加型授業：育（はぐく）みの講座．日本矯正教育学会第45回発表論文集；168-171, 2009.

西本絵里：貴船原少女苑における食育指導について：保護者参加型授業への取組み．矯正教育研究，55；68-73, 2010.

織田均：保護者会における民間協力者（「非行」と向き合う親たちの会）講演の実施について．日本矯正教育学会第42回発表論文集．pp.130-133, 2006.

大河内徹：少年院—男子及び女子少年院の特質にも言及して．（生島浩編）非行臨床の課題．現代のエスプリ462．pp.160-169, 至文堂，2006.

下村健明他：加古川学園における「保護者に対する措置」の取組状況について：保護者セミナーという新しい取組．矯正教育研究，54；73-77，2009.

生島浩：悩みを抱えられない少年たち．日本評論社，1999.

第Ⅲ部　非行臨床の新潮流

第4章

非行少年の地域生活支援に向けて
――沼田町就業支援センターにおける保護観察処遇

石井智之 Tomonori Ishii
[中部地方更生保護委員会／
元 旭川保護観察所沼田駐在官事務所]

≫ はじめに

　本書の編者生島は,「裁判により黒白を付けられた人を灰色にする《ぼかし機能》により,犯罪者のラベルを曖昧にして,家庭に受け入れ,学校に復帰し,就労」(生島,2005,p.2) させ,社会や家庭との絆を確保することが非行少年の再犯抑止の王道であるとし,我が国の保護観察の機能のうち,犯罪者の更生を目的とした「リハビリテーション機能」の中身が,「ぼかし機能」であると分析的に述べていたが,これは保護観察官としての実務感覚に照らしても間違いないだろう。

　しかし,沼田町就業支援センターに帰住した少年はどうか。人口4,000人弱の地域的紐帯の強い農村地帯の北海道沼田町で生活を始めた少年は,地域住民に「(元) 非行少年」「少年院帰り」であることを知られており,負の社会的烙印そのものを薄墨化しようと試みることは難しいといえよう。

　ただ,この負の烙印が,地域社会において,見守り,育み,手助けすべき「反転した烙印」を背負った者の証として地域住民に見なされ,地域に受け入れられていく過程,言うなれば,その者がその地域の中でともに生かされているという過程が,このセンターの試みの中で生活を始めた少年たちの姿に見て取れる。すでに非行少年という偏見や負の烙印ではなく,「その者らしさ」として地域に受け入れられていく過程ともいえるかもしれない。

第4章
非行少年の地域生活支援に向けて
―――沼田町就業支援センターにおける保護観察処遇

　本章においては，沼田町就業支援センター（以下，「センター」と略記）での勤務経験を下敷きとし，センターにおける処遇について報告することとしたい。モニタリング機能が強化されている現状の保護観察実務の中でのリハビリテーションモデルを考える上で，また，犯罪者や非行少年の地域生活支援を考える上で，本章が一助となれば幸いである。

　なお，本章における意見にわたる部分は私見であることをお断りしておくとともに，センターに帰住し，その後，自立した者の数がまだ少ない現状から，個人情報を守る観点から，具体的な個別事例の詳細は紹介できないことをあらかじめ申し述べておきたい。

≫ センター設置に至るまでの経緯

1. 自立更生促進センター構想の先駆けとして

　沼田町就業支援センター事業は，法務省が進める自立更生促進センター構想の先駆けと言えるもので，保護観察所が保護観察中の者を宿泊させる施設を設置・運営する初めてのプロジェクトである。また，沼田町就農支援実習農場（以下，「実習農場」と略記）を運営する地方公共団体である北海道雨竜郡沼田町との緊密な連携の下で運営しているという点でも，更生保護の分野にとどまらず，非行臨床において画期的な取り組みといえる。

　また，地域社会における生活の中で，その住民と触れ合ううちに，少年たちに社会性を獲得させ，更生や自立を促すという〈地域生活支援〉を処遇プログラムとして組織的に国が地方自治体と協働することも大きな意義として挙げられよう。

　センターでは，主に少年院からの仮退院者を受け入れ，24時間態勢で濃密かつきめ細やかな指導を行うとともに，実習農場において，おおむね1年間にわたる基礎的な農業実習を行うことになっている。また，農業実習終了後も引き続き沼田町にとどまり農業に従事することを希望する者には，町の協力を得て就労支援を実施することにしており，他の地域で就業を希望する者には，就業先や自立先の確保を支援するための調整を行っている。

2. 更生保護改革の流れの中でのセンター

まずは一連の更生保護改革の流れの中で，センター設立の経緯を振り返っておきたい。

2005（平成17）年2月，愛知県安城市において，刑務所から仮釈放中の保護観察対象者によるスーパーマーケットにおける乳幼児殺傷事件が発生し，次いで，同年5月には，保護観察付執行猶予中の者が無届で転居し，転居先で女性を監禁していたという，いわゆる「監禁王子」事件が起こるなど重大事犯が相次ぎ，更生保護制度に対する見直しの声が高まった。

この流れの中で，2005年7月に法務省によって，「更生保護のあり方を考える有識者会議」が立ち上げられ，更生保護の現状や問題点，目指すべき方向について議論がなされ，2006（平成18）年6月に「更生保護制度改革の提言：安全・安心の国づくり地域づくりを目指して」と題する報告書（以下，「報告書」と略記）が法務大臣に提出されるに至る。

報告書の中では，「社会復帰のための強力な支援と強靱な保護観察実現のための自立更生促進センター（仮称）構想の推進」が挙げられており，「強化された就労支援を行うとともに，現状の民間の更生保護施設では対応が困難な対象者に対する受皿を提供すべく，本報告書が求める充実強化された保護観察を実施し，改善更生のための特に強化された処遇を行うことのできるセンター機能を有する体制を早期に構築し，犯罪や非行をした人の社会復帰を強力に支援し，改善更生・再犯防止を促進すべきである」（更生保護のあり方を考える有識者会議，2006, pp.24-25）と述べられている。これを契機として，特定の保護観察所に対象者のための宿泊施設を整備することが法務省において検討され，具体的には，福島，京都および福岡には成人を対象とする「自立更生促進センター」を，沼田町には，就農支援を行う，少年を対象とする「就業支援センター」の設置が検討され，併せてこれらの構想が「自立更生促進センター構想」として推進され始めたのである。

3.「行刑施設誘致活動」と政府の動き

また，センターの設立は，沼田町が進めてきた行刑施設誘致活動にも端を発する。2005年12月に当時の法務大臣から保護観察対象者のための宿泊施設の

設置について沼田町に打診がなされ，以後，法務省との間で具体的な事業の枠組みについて検討が始まった。

　平成18年7月からは，沼田町民を対象とするセンターについての説明会や更生保護施設の見学会が開催されるなど，更生保護への理解を促進し，センターに対する不安の払拭に努めるなどの働きかけが，沼田町役場の協力のもと，法務省および旭川保護観察所によって積極的に行われてきた[注1]。

　また，一方で，平成18年秋ころから，安倍政権下で「再チャレンジ施策」が推進され，「罪を犯した人の再チャレンジ支援」として刑務所出所者等総合的就労支援策のほか，自立更生促進センターの設立・運営も推進されることとなり，政府の施策としても，センターをパイロット施設とし，全国に自立更生促進センターを設置すべく，一層具体化されたのである。

4. 沼田町内における設立準備

　センターの建設予定地に，旧北海道開発局石狩川開発建設部北空知河川事業所沼田分駐所庁舎が選ばれ，2007（平成19）年5月から改修工事が始まり，約4カ月を経て施設が整備された。同時に，少年の帰住可否を決定するため，保護観察官が少年院への施設面接を行いながら入所少年を選定しつつ，センターにおける内規・寮則の整備など，現に少年を受け入れるため具体的準備が進められた。

[注1] 必ずしも沼田町役場や法務省が主導する形で開催された説明会のみがセンター設立に対する理解を広げたわけではないと思われる。平成18年度中，沼田町役場が主催する形で，法務省職員や更生保護施設職員により，計5回以上にわたり，センター設置・運営や更生保護事業について説明が行われている。しかし，センターや更生保護だけでなく，少年司法や少年の立ち直りに対する理解を深めるべく，町内の有志の働きかけで，センター開所の約1年前の平成18年9月には，漫画「家栽の人」原作者の毛利甚八氏と東京都世田谷区の自立援助ホーム「三宿憩いの家」で寮母の三好洋子氏が，沼田町内での講演会における講師として招かれた。このように，沼田町内には，町民自らが主体となって物事を決め，行動していく素地があったといえるのかもしれない。むろん，一方で，一部の住民には，当初からセンター設立への不安やこれを推し進める沼田町の体制に対する批判は根強くあり，平成19年4月22日に行われた沼田町長選挙においては，センター誘致が選挙戦の一つの争点となった。「更生保護」が選挙の争点となったのは，歴史的にこれが初めてではないかと思われる。

また一方で，地域住民のセンターへの不安を払拭し，安全・安心な運営を期して，入所者の条件や入所者の生活，管理体制に関することなどセンターの運営方針等について，協定書としてまとめるべく調整が行われ，平成19年7月に沼田町長と旭川保護観察所長により協定書の調印が交わされた。

そして，ようやく，2007年10月開所を迎え，同月下旬に，センターに初めての入所少年を迎えることになったのである。

▶▶ センターおよび実習農場の概要等について

次にセンターの位置づけ，沼田町の自然環境，少年たち生活の様子および農業実習等について，その概要を詳述する。

1．センターの位置づけ，建物の構造等

センターは，正式には，旭川保護観察所沼田駐在官事務所に併設された宿泊施設という位置付けであり，通常の保護観察所の役割に加えて，日夜を問わない処遇を行う場であり，農業分野の職業補導を受ける者のための宿泊施設という位置付けとなっている。

建物は沼田町の中心市街地の一角にあり，1階部分に事務室，面接室，食堂兼図書談話室，浴室，会議室，トレーニングルームなどが配置され，2階は個室が10室，2名定員の居室が1室あるほか，トイレや洗面洗濯室，乾燥室などが配置されている。

その他，敷地内には，グランド，多目的宿泊所，倉庫，車庫，駐車場等を備えている。

2．職員体制

2007（平成19）年4月に，筆者は，センター長となる上席の保護観察官とともに旭川保護観察所沼田駐在官事務所の駐在保護観察官として着任した。翌年4月から保護観察官は3名に，さらに2010年4月からは4名に増員されている。駐在する保護観察官は各々がおおむね週1回の宿直を含む週5日勤務であり，保護観察官を補佐する賃金職員等が配置されている。夜間も含めて常時

2 名の職員が執務するほか，実習農場へは送迎も含めて職員 1 名が常時同伴するなどし，実習農場の農業指導員から指導を受ける少年に寄り添い，見守りに当たる態勢をしいている。

なお，食事は，給食業者に委託しており，調理員が厨房で調理し，3 食を給している。

3. 沼田町の自然環境と生活環境

センターが設置されている沼田町は，札幌市から約 100 キロメートル，旭川市から約 46 キロメートルに位置する。夏は最高気温 30 度を超える日もあるが，比較的湿度は低いため過ごしやすく，冬は昼間でも零下が続き，時には零下 20 度を下回り，まさに極寒の地となる。累計の降雪量が毎年 10 メートルを超えるなど道内でも有数の豪雪地帯でもある。

農業を基幹産業とし，特に稲作を中心に，加工用トマト，メロン栽培などが盛んである。道内の多くの町や地域と同様，炭坑閉山後は人口が減少しており，高齢，過疎が進行し，就農人口も減りつつある。

「パンフレットで見て分かってたけど，これほど何もないなんて。久しぶりにゲーセンにも行ってみたい」と少年がつぶやいていたが，センターは，町内の中心部に位置しているとはいえ，コンビニは 1 軒に減り，マンガ喫茶，ゲームセンターはもとより，レンタルビデオ店，CD 販売店もない。

きらびやかな都市の中で浮遊し，同じような不良仲間と蝟集していた少年たちは，少年院仮退院後に日常となった田園風景を目の前にして，表面上は不満や愚痴をもらすことも多い。ただ，積雪を見たことのない少年は，服に舞い降りた溶けないままの雪の結晶に驚き，また，農場に時折現れるキタキツネやタヌキを追いかけたり，流氷を見せるために小旅行をした後には，北海道の広大さと美しさに対して感動を口にする。

4. 入所少年の選定について

1) 入所少年の選定に関する基準，条件

沼田町との協定書にも明記されているが，センターに入所できるのは，保護観察に付されている者であること，センターへの入所を希望していること，お

おむね26歳未満の男子であること，という条件がある。次に，①将来の就農に意欲を持っているか農業実習を受ける意欲があること，②集団生活への適応が見込めること，③強い粗暴傾向や性非行を繰り返す傾向，放火癖等が認められないこと，④薬物依存の状態にないこと，⑤原則として保護観察期間が1年以上確保できることなどの事項を考慮して選定している。

保護観察期間が1年以上確保できるとされているのは，宿泊保護の提供ができるのは保護観察中であること，農業実習のカリキュラムが1年を予定しているからであった。しかし，このような運用では入所希望者が少なくなることから，当初は，仮退院後の保護観察期間が9カ月以上確保できる者を入所の対象として，開所に至っている[注2]。

2）入所選定にあたって少年に求めるもの

実際に入所を希望する少年院入所中の者については，保護観察官が2回以上にわたって施設面接を実施し，受け入れの可否につき慎重に検討している。

ケースの多くは，親（保護者）がいない，または受け入れを拒否された者である。まれに保護者に受け入れる気持ちはあるものの，共犯者や兄弟などがいて，そこに帰住した場合，本人の更生に悪影響が及ぶことが見込まれるとして，保護者・本人がそろって，センターで生活，実習期間が終わった後に帰宅するといった，生活訓練を意図して入所した事例もあった。

ただ，保護者や更生保護施設などが受け入れを拒否したケースであっても，就農意欲が顕著であり，小さな共同体である町の現状についてきちんと理解できる少年であれば，前向きに受け入れを検討して，施設面接を積極的に行っている。

[注2] 平成21年9月には，センターにおいて，北海道内の無職である少年院仮退院（2号観察）および保護観察処分（1号観察）少年に対して，6日間限定の農業体験セミナーが実施されるなど，少年院仮退院少年以外の少年がセンターに入所した。また，平成22年4月からは，処遇期間をおおむね1年から，当分の間，6月以上の者を受け入れることになった。これまで他の入所条件を満たしていながら，十分な処遇期間を確保できないとの理由で入所させることができなかった者についても，センターで受け入れることが可能となった。

5．入所者の生活について

1）生活時間の基本

　少年の一日の生活時間については，起床は朝 6 時，掃除および洗面の後，朝食は午前 7 時からである。午前 8 時半から午後 5 時ころまでが農業実習の時間となる。夕食は午後 6 時から，門限は午後 8 時，消灯・就寝は午後 10 時となっている。

　農業実習は原則週 5 日間としているが，本人の希望があり，また，実習農場が認めた場合は，週 6 日まで可能である。しかし，日曜日だけは全員が共通の休業日とし，センターに関連する行事などを行う日として確保している。

2）余暇時間の様子

　休業日や実習から帰所後，門限までの時間については，面接指導や集会，ボランティア団体によるレクリエーション行事等の予定がなければ基本的に自由時間となっている。行き先を申告した上で外出をしており，平日は，町中心部にある図書館でパソコンに触れたり，DVD を視聴したりしていることも多い。また，後述する「沼田明日萌会」の青年に誘われて，近くの温泉に連れて行ってもらう者やバスケットボールや野球などの行事に一緒に参加させてもらうなどしている。行事のない日曜日ともなると，近隣の深川市まで買物に出る者も多く，その行動範囲は思いのほか広い。

3）「生活のきまり」と集会

　センターでは，集団生活が基本となるので，「生活のきまり」という規則を設けている。入所時に周知を図るとともに，このきまり以外に，生活をする上で支障が出てくるたびに（たとえば，冷蔵庫の使い方や風呂掃除の当番など），入所者の集会において話し合い，決めていく。少年院入所経験者である彼らは，集会での話し合い方を学んできており，その司会ぶりや発言は思いのほか常識的で，集会は円滑に進むことが多い。

4）自動車運転免許証取得に向けて

　町営自動車学校があることから，18 歳以上の少年には農業実習で得た手当を貯め，取得を勧めており，学校も協力的である。就農するにしても運転免許は大きなステップとなり，すでに何人も取得者が出ている。中には，大型特殊免許を少年院内で取得している者もおり，自動車運転にもかなり有利となっている。

6. 実習農場における農業実習の概要

　農業実習を受けると 1 日当たり 1,500 円から 3,000 円の手当を受け取ることができ，自立資金として貯めることができる。

　実習農場では，農場長や農場指導員による指導のもと，菌床栽培による椎茸の収穫を中心に，肉牛への給餌の手伝いや牛舎の清掃，加工用トマト，観賞用かぼちゃ栽培などを手がけている。平成 22 年度からは，いちごのハウス栽培，スイートコーン栽培，じゃがいも栽培を開始しているほか，農家に出向いての酪農や稲作（播種，田植え，稲刈りなど）実習，少年たちに栽培の全ての過程に主体的に取り組ませる自家消費向けの作物栽培も行っている。

　とりわけ，椎茸の栽培では菌床の入庫，収穫，選別およびパック詰めとすべての生産過程に携わっており，商標として「雪中椎茸」と名付けられ，道内の青果市場に出荷されている。

7. 自立に向けて────就農支援の強化に向けて

　もちろんセンターに残された課題も多い。まずは入所少年の増加が望まれ，そのためには，農業実習の在り方を充実させるとともに，農業従事者として自立できる者を増やすべく，就農支援を強化していく必要がある。

　2010（平成 22）年 6 月現在で，開所以来，入所した者が 15 名，うち 11 名が退所しており，現在は 4 名が在所している。退所した者のうち沼田町に自立した者 1 名のみが農業に従事している現状にある。沼田町内での農業関連の求人はほとんどなく，ましてや，北海道全体でも通年雇用の求人は多いとはいえない。他の者の多くは，保護者のもとに帰宅したり，進路変更した者であり，就農を支援するという目的からすれば，課題が残る。ともかくも，農業実習を終えて農業に従事し定着しつつある者がいること，近隣地域に住居を得て自立を果たした者が現れるなど，本事業が目的に掲げた成功事例が出てきたことは今後に大きな弾みとなろう。

>> 非行少年の地域生活支援に向けて

1. 地域の中の保護観察官として

　沼田町に駐在する保護観察官としては，センターに入所することになる生活環境調整の事務のほか，施設改修にかかる調整や備品の入札準備，地方自治体である沼田町との調整・協議，本庁および法務本省との連絡事務，地域ボランティアの組織化の土台づくりなど，これまでの保護観察官の業務であれば考えられない事務を担った。また，何よりもこれらの設置・運営の業務そのものが地域住民の興味と関心の中で行われ，常に誰かのまなざしに晒されているという緊張感のあるものであった。言わば，「地域社会」に直にかかわり，更生保護への理解を地域住民に求めながらの仕事である。センター設立のために活動すること自体が，更生保護の役割と意義について広報することにもつながり，多くの地域住民からの協力を得てきたと実感もした。

　更生保護が地域とともにあるのは当然であろうが，沼田町で勤務してはじめて，更生保護が「地域の中で，地域とともに」と言えるのは，民間の篤志家である保護司がいてこそだったと気づかされたのも事実である。保護観察官が，地域とともにあったことはこれまでになく，今まで保護観察官は，「保護司を通した地域社会」を相手にし，または面接室の中の対象者を相手にしていたのではないかとセンターでの勤務で痛感した。

　それぞれに付された保護観察中の遵守事項を守るよう指導することはもちろん，少年院で身につけた規則正しい生活を維持させながら，自立に向けて必要となる時間の管理，掃除，洗濯など基本的な生活習慣の習得を図るほか，就労意欲の喚起，金銭の管理，対人関係の在り方に関する指導・助言も行うなど，同じ場所で生活をともにしているならではの働きかけをしている。少年院の教官ではない保護観察官が，宿直勤務をしながら，24時間365日対象者とともに日夜を過ごしながら地域生活支援としての処遇を重ねていくことは，センターで初めて行われたものである。

　むろん，喫煙，交通法規無視（自転車二人乗り，横断歩道を渡らない，信号を無視する），農場ではサボる，髪染めをする，女子高生に声をかける等々に

対して，あっという間に地域住民の噂になり，センターではどのような指導をしているのだ，不安である等との住民たちからの申し入れもあった。

少年たちを指導し，町役場や実習農場と調整し，不安な気持ちにさせた住民に謝罪し，説明し……と，濃密な地域社会のしがらみと「まなざし」に怨嗟の声を上げつつ，疲弊したのも事実である。

一方で，少年たちと一緒に温泉に入り，熱が出たと言っては薬を飲ませ，少年たちと向き合ってきた。

保護観察官が地域を土台として，指導や助言という言葉では語りきれない濃密な関係を形成しつつ，また，連絡や調整という言葉では捉えきれないネットワークを形成する挑戦であった，といえよう。

2. 地域住民の理解と協力

むろん，地域側の受け入れ態勢も少年たちに大きな影響を与えている。

センターの開設に先立つ1カ月前には，「沼田すずらんの会」，「沼田明日萌（あしもい）の会」といったボランティア団体が結成されており，少年たちの地域への定着を促進する大きな要因となっている。

「沼田すずらんの会」は，地元の女性38名が参加して組織され，毎月1回日曜日の夕食会を開催している。鉄板焼やたこ焼き，蕎麦打ちなど少年自身も調理に参加できるメニューを工夫して用意し，また，誕生会やクリスマス，節分，餅つきなど四季折々の行事も併せて行われることもあって，大変好評である。生まれ故郷から，または保護者から遠く離れて生活している少年に家庭料理を振る舞い，温かな交流の場を持つことは少年たちにとっても貴重な機会となっており，何より，食事を食べながら話をすることで，地域の事情を知り，社会性を育む一助ともなっている。また，センターから巣立っていく少年のために，家具・家電・食器・衣類・食料品などさまざまな物資を集め，寄贈している。こうした援助は保護観察所の手が及ばない部分で，実は自立にとって一番大切な部分でもある。

また，「沼田明日萌の会」は，商工会青年部や体育指導員，JA等の町内の団体およびその構成員などから構成され，バレーボール，バスケットボール，野球などのスポーツ大会，大晦日のカウントダウンイベントや毎年8月に開催さ

れる「夜高あんどん祭」などに参加を促してもらっており，社会参加の機会となっている。

その他にも町民運動会にも一員として参加し，少年たちが大活躍。チームを優勝に導いて喝采を受け，町内会の焼肉大会に招かれる少年もいた。かの少年は，センター在所中は，町内会の皆さんと一緒に撮影した記念写真を大切に飾っていた。

このように地域と深く関わり，受け入れられるという体験は，その生育歴を振り返ってみれば，少年たちにとっては新鮮で初めてのことである。食事会や各種イベントで知り合った方々と町内で会えば声をかけられることもあり，少年たちの再非行を抑止する大きな力となっている。

一方で，受け入れる側の町民たちの意識はどう変化したのか。沼田すずらんの会会長は述べる。「一町民の立場で6歳と3歳になる孫の遊ぶ姿を見ていると，沼田町にセンターができて本当に不安はないのかという疑問がまったくないわけではありませんでした」（藤村，2010, pp.52-53）。しかし，少年たちとの夕食会の回数を重ねた後には，「私たちの活動がどれだけ彼らの更生に役に立てるのだろうか，私たちの活動が町民に方々に理解してもらえるのだろうかと不安でしたが，退所していく少年たちの表情を見るたび，彼らが沼田町に来たからこそ，かけがえのない触れ合いの機会を持つことができたと実感せずにはいられません。特別扱いをする必要など決してなく，偏見のない態度で普通に接することこそが大切なのだと思います」（同，p.55）と述べるとともに，「センターができたことによって，沼田町の人々に『自分の子供をしっかり育てなくてはいけない』という意識が高まってきたようにも思います」（同）と住民の意識の変化についても触れている。

抽象的な存在としての「（元）非行少年」「少年院帰り」というスティグマ（烙印）が，目の前にいる，立ち直りを支えるべき少年という具体的な姿にとって変わり，一方で，同じ地平で地域に育っている子どもにも目を向け始めているといえよう。

3. モニター機能の強い保護観察と地域社会における処遇

前述した報告書の提言に基づき，2008（平成20年）に施行された更生保護

法では，保護観察対象者との接触の強化と対象者の生活状況等の報告義務など，対象者をいかにモニターして，再犯を防止するかという視点からする施策や対策が多くなされていることは確かであろう。しかし，一方で，覚せい剤事犯対象者，性犯罪対象者，暴力事犯等象者に対する認知行動療法を用いた処遇プログラム，公共職業安定所等と連携した就労支援施策，または生活環境の調整の強化など対象者のリハビリテーションを支援する側面の強い施策や処遇もなされている。ただ，体感治安の悪化に由来する国民の刑事司法に向けるまなざしの強さとも比例し，保護観察の現場にも，対象者をいかにモニターし，再犯を防止するかという緊張感は当然のごとく広がっている。

　このようにモニター機能が強化された場としては，まさにセンターは適所かもしれない。少年たちは，モニターされるなかで生活し，社会復帰を目指している。しかしながら，モニターする，されるという関係を超えて，地域の人々との関係を紡ぎながら，地域の人たちを味方にしつつ，または味方とせずとも「排除」されない関係を作り，意欲さえあれば自立への道筋は明確となる。自立に向けた実習，自立資金の貯蓄と自動車運転免許証の取得に向けた支援，退所後に向けた就労支援等のリハビリテーション機能も充実し，少年たちの立ち直りを地域で支援する態勢と意識も醸成されてきている。この意味で，センターは，モニター機能とリハビリテーション機能が特別に強化された処遇の場であることは間違いないだろう。しかし，その強化は，やはり地域が土台となっていることはいうまでもない。

≫ おわりに

　犯罪や非行の理論は数あるが，どのようなきっかけや過程をたどって，再び犯罪や非行を起こさない人生を歩むようになるのか。むろん「社会復帰は，行為者の社会適応と社会の側の受容とをいずれも不可欠の構成要素とする」（葛野，2009, p.14）ことは当然である。更生のきっかけは，まさにその者，それぞれで違ってくる。更生の道筋とは，その者の人生の道筋でもあろう。これまでの犯罪・非行を起こしてきた人生に理がないと気づき，逸脱から遠ざかるための意味ある出会いや生きがい（たとえばそれが職業であったりすることが多

い）など，人生を賭すことのできる何ごとかを見いだすための舞台装置の配列を整えることが，犯罪や非行を起こした者への支援としては土台となるのではないか。「居場所」と言い換えてもよいが，感情のもつれた家族や不良交友の多い街の中では，この舞台装置を作るのは，なかなか難しい。

この意味で，農業実習を中心とした自然あふれた生活や地域住民との触れ合いは，更生のためには恵まれた舞台装置である。豊かな自然と負のスティグマを持つ者をあえて支えようとし始めた人々が多くいる地域に囲まれて，まずは更生の第一歩を踏み出す。多くの少年たちが，このセンターで自身の人生にとって意味ある出会いを遂げることを期待したい。

いずれにしても更生保護が，センターという地域社会の力を生かすことのできる，可能性広がる処遇の場を持てたことは貴重であると明言できる。

　　※なお，筆者が沼田センターから異動後の現状については，現在勤務している保護観
　　　察官からのインタヴューに基づいたものである。

参考・引用文献

石井智之：沼田町就業支援センターでの保護観察処遇．月刊少年育成，54 (6)；16-22，2009．

葛野尋之：社会復帰とソーシャルインクルージョン．（日本犯罪社会学会編）犯罪からの社会復帰とソーシャル・インクルージョン．pp.14-30, 現代人文社，2009．

更生保護のあり方を考える有識者会議：更生保護制度改革の提言：安全・安心の国づくり地域づくりを目指して．2006．（法務省ホームページ内：http://www.moj.go.jp/content/000010041.pdf）

小林淳雄：沼田町就業支援センターの運営状況について．犯罪と非行，159；126-140，2009．

生島浩：視点：保護観察の現状と課題．ジュリスト，1293；2-5, 2005．

藤村富子：地域の立場で協力して．更生保護，61 (6)；52-55, 2010．

あとがき

　本書のタイトルになっている『非行臨床の新潮流』とは，編著者3名による共同研究を2007年に立ち上げた際に，代表者である生島浩氏が研究の全体像を示す名称として付けたものである。非行臨床の最先端を論じるにあたって，「新潮流」とはまさに時機にかなうものであった。

　非行や犯罪に関する新潮流をキーワードにするならば，「発達障害」「(少年)司法システム」「リスク・アセスメント」になろう。この三つのキーワードを集約するような二つの重大少年事件について，2006年10月に次のようにそれぞれの司法判断が下されている。

　逆送（検察官送致）後の裁判で大阪地裁は，寝屋川教職員殺傷事件を起こした広汎性発達障害のある少年（18歳）に対して刑事責任能力を認め，「犯行の悪質性，結果の重大性に照らすと保護処分の域を超え刑事処分によるべきである」と判断して懲役12年の判決を下した（2007年11月に二審判決で懲役15年が確定）。そのうえで，犯行の背景には特定不能型広汎性発達障害の影響があったとして，少年刑務所に少年の広汎性発達障害を治療するように求める異例の意見を述べた。

　その1週間後，奈良家裁は，奈良母子放火殺人事件を起こした広汎性発達障害のある少年（16歳）に対して，三人を死亡させた結果の重大性からすれば逆送もあり得るとしたが，「(幼少期からの父親の暴力などの) 成育環境が，長男の性格の偏りを生じさせ，長男を本件非行に走らせた要因の一つとなっている」として保護処分を選択した。精神鑑定で指摘された広汎性発達障害については，「犯行の実行場面では，広汎性発達障害という生来の特質による影響が強く現れている」としながらも，その専門的治療は必要ないとして医療少年院ではなく中等少年院に送致した。

　広汎性発達障害の少年事件をめぐるこの苦渋に満ちた二つの司法判断に示さ

あとがき

れるように，現行の少年司法システムは，発達障害などを伴う非行少年の質的変化に応じたリスク・アセスメントやマネージメントがなされていないのである。その後も現在に至るまで，同様な少年事件が起きるたびに，少年司法は混迷を深めるばかりである。

　周知のとおり，発達障害自体が非行や犯罪の要因ではなく，家庭環境や学校適応における二次的障害として問題行動が立ち現われてくるものである。そのために発達障害などの疑いのある子どもが問題行動を起こさないように，リスクのアセスメントとマネージメントによる予防が必要になる。

　さらに，発達障害などのある非行少年に対しては，新たな少年司法システムの確立に留まらず，家庭，学校，地域などソーシャル・インクルーシブなシステムによって少年の更生を目指すことが求められる。複雑多様化する犯罪や非行の世界に接近するには，もはや司法領域だけでなく，教育，医療，福祉領域とのコラボレーションが必要不可欠であり，今後さらにさまざまな学際性が要求される。

　本書の三部構成に，現代の少年非行の三つのキーワードに対する指針が示されている。本書がこれからの非行臨床の新潮流となり，さらに大きなうねりとなって展開していくことを期待したい。

　執筆者は，多忙極まる臨床・研究家であり，まずは，福島・京都・東京で開催したシンポジウムでの報告，新たに論考という形でのまとめに感謝したい。2009年12月の東京のシンポジウムでは，中村伸一氏（中村心理療法研究室長）から，「家族臨床から非行を考える」と題する報告をいただき，有益な示唆を得た。また，東北大学大学院文学研究科の大渕憲一教授にも研究指導を頂いていることを付記しておきたい。

　最後に，編集部の高島徹也氏には共同研究の立ち上げの段階から本書の完成に至るまでの4年間にわたってお世話になった。早くから原稿をいただいていた執筆者にお詫びするとともに，心より感謝し御礼を申し上げる。

編著者　**岡本吉生・廣井亮一**

索　引

人名

Blos, P. 109
Erikson, E. H. 109
Hirschi, T. 137
Klein, M. 150, 157
Maruna, S. 150
Sampson, R.J. & Laub, J.H. 151
Wing, L. 103
Winnicott, D.W. 136
Wallerstein, J.S. 75
井上公大 135
岡堂哲雄 137
向谷地生良 116

事項

あ

アサーショントレーニング 65, 162
アスペルガー症候群（障害）
　.................... 46, 47, 70, 72, 77-80, 102, 136
アンガーコントロール 65
意見表明権 50, 51
浦河べてるの家 115
エピソード記述 120
エビデンス 139
エンパワーメント 138

か

家裁調査官 15, 16, 21, 23, 24, 30, 48, 75
逆送 48
　原則── 44, 49
矯正教育 161
矯正施設 57
刑事収容施設及び被収容者等の処遇に関する
　法律 66
刑事責任能力 49, 50, 55
攻撃置換訓練（Aggression Replacement Training：
　ART） 164
更生的風土 162
コラージュ療法 64

さ

試験観察 21, 156
自己評価 74, 86, 169
システムズ・アプローチ 137, 138, 143
児童自立支援施設
　...47, 73, 76, 98, 144, 164
司法臨床 22-26
社会的絆（social bonds） 137, 144, 151, 152
社会的排除 135, 136, 145
ジャスティス・クライエント 17, 19, 28
集中入所型治療プログラム（Intensive Residential
　Treatment Program） 37
少年院 16, 161

189

索引

少年鑑別所
　　.........4, 48, 57, 102, 114, 119, 126, 130, 141
少年司法システム............................13-18, 25, 26
少年法... 13, 42
　　——第 20 条.....................................44
　　——第 55 条...........................48-49, 53
触法事件.. 43, 47, 106
触法少年.............. 20, 43, 47, 70, 96, 97, 106, 112
自立更生促進センター............................. 173, 175
心身喪失者等医療観察法（心神喪失等の状態で重大な他害行為を行った者の医療及び観察等に関する法律）............................. 22, 71
審判能力..52
心理臨床的支援...13
生物心理社会モデル（biopsychosocial model）
　　... 99, 136
ソーシャルスキル教育（SSE）.........................89
素行障害..78-80, 102, 136

た

ダイバージョン... 18, 29
地域生活支援...173
地域生活定着支援センター...............................40
中 1 ギャップ.. 92, 109, 110
治療的司法（therapeutic jurisprudence）...... 17, 18
付添人... 43, 46, 48
適正手続保障.. 50, 51, 53
当事者研究..116
当事者モデル................... 67, 69, 114, 115, 117, 130
（知的障害者・精神障害者の）特化ユニット
　　..58

な

内的準備性...152
ナラティヴ.................116, 120-122, 124-126, 128

二次障害..46
認知行動療法
　　19, 36, 39, 122, 136, 142, 161, 163, 164, 184
寝屋川事件... 47-49

は

発達障害支援モデル事業................................. 82, 87
発達障害者支援法.. 82, 163
判決前調査... 19, 30, 34
被害者の視点を取り入れた教育............ 168, 169
非行からの離脱（desistance）.........................149
非行臨床...135
フォーミュレーションモデル................ 106, 107
プラクティショナリー・リサーチ.................91
北京ルールズ...51
法務教官... 114, 161, 170
保護観察官... 19, 172
保護者に対する措置
　　.................................161, 164, 165, 167, 168

ま

マルチシステミックセラピー（MST）
　　..138
問題解決型裁判所（problem solving courts）
　　..17

や

ユニバーサルデザイン（による特別支援教育）
　　... 83, 90
要保護性... 15, 53, 54, 114
抑うつに耐える力
　　.................................... 149, 150, 152, 157-159

ら

ランダム化比較試験（RCTs）.........................139

リカバリー **135**, **146**
リスク・アセスメント
　　　　........................... **18**, **69**, **71**, **81**, **114**, **141**, **144**
リスク・ニーズ・モデル **140**, **144**
リスクファクター **69**, **71**, **72**, **167**
リハビリテーション
　　　　.................................,**135**, **146**, **172**, **173**, **184**
臨床動作法 **63**

レジリエンス（resilience）
　　　　..**116**, **131**, **152**, **153**

アルファベット

AD/HD **72**, **77**-**80**, **136**
PFI（Private Finance Initiative）方式（刑務所）
　　　　.. **13**, **57**, **58**, **61**, **66**
SST　　...................... **62**, **63**, **94**, **145**, **162**, **165**, **166**

191

編者

生島　浩　しょうじま・ひろし
1956年，東京都に生まれる。1979年，一橋大学社会学部を卒業。法務省に入省し，東京および横浜保護観察所の保護観察官等を経て，1992年筑波大学院修士課程教育研究科カウンセリング専攻修了。2000年，浦和保護観察所観察第一課長。
現在：福島大学大学院人間発達文化研究科教授。
主要論著：『非行臨床の焦点』（単著，金剛出版，2003年），『犯罪心理臨床』（共編著，金剛出版，2007年）『学校臨床の現場から』（単著，SEEDS出版，2009年）など。

岡本吉生　おかもと・よしお
1956年生まれ。1979年京都府立大学文学部を卒業。1980年家裁調査官補，1983年から1997年まで家庭裁判所調査官。1993年 Mental Research Institute 留学。1997年筑波大学大学院教育研究科修士課程修了。家庭裁判所調査官研修所研究員，埼玉県立大学助教授を経て，
現在：日本女子大学家政学部児童学科准教授。
主要著訳書：David R. Grove/Jay Haley『治療としての会話』（訳，金剛出版，1999年），John F. Cooper『ブリーフセラピーの原則』（共訳，金剛出版，2001年），『システム論からみた援助組織の協働』（共著，金剛出版，2009年）など。

廣井亮一　ひろい・りょういち
1957年新潟県生まれ。1981年，新潟大学法学部を卒業。1981年から1999年まで家庭裁判所調査官。以後，和歌山大学助教授，京都女子大学助教授を経て，
現在：立命館大学文学部・同大学院文学研究科教授。学術博士（大阪市立大学），臨床心理士。
主要単著：『司法臨床の方法』（金剛出版，2007年），『司法臨床入門』（日本評論社，2004年）など，共編著として，『子どもと家族の法と臨床』（金剛出版，2010年）など。

各章著者

第Ⅰ部　ジャスティス・クライエントへの心理・福祉的アプローチ
第1章　廣井亮一………立命館大学文学部
第2章　水藤昌彦………山口県立大学社会福祉学部
第3章　森久智江………立命館大学法学部
第4章　小柳　武………常磐大学大学院被害者学研究科

第Ⅱ部　精神／発達障害と非行・犯罪臨床におけるリスク・アセスメント
第1章　岡本吉生………日本女子大学家政学部
第2章　田邊昭雄／小柴孝子………千葉県子どもと親のサポートセンター
第3章　坂野剛崇………名古屋家庭裁判所
第4章　佐藤伸一………山形刑務所

第Ⅲ部　非行臨床の新潮流
第1章　生島　浩………福島大学人間発達文化研究科
第2章　河野荘子………名古屋大学教育発達科学研究科
第3章　小原多須奈………青森刑務所
第4章　石井智之………中部地方更生保護委員会／元 旭川保護観察所沼田駐在官事務所

非行臨床の新潮流
リスク・アセスメントと処遇の実際

2011 年 6 月 20 日 印刷
2011 年 6 月 30 日 発行

編著者 ……………………………………………… 生島　浩
　　　　　　　　　　　　　　　　　　　　　　　岡本吉生
　　　　　　　　　　　　　　　　　　　　　　　廣井亮一

発行者 ……………………………………………… 立石正信
発行所 ……………………………………… 株式会社 金剛出版
112-0005 東京都文京区水道 1-5-16
電話 03-3815-6661 ／振替 00120-6-34848

装　釘 ……………………………………………… 臼井新太郎
装　画 ……………………………………………… 三溝美知子

印　刷 ……………………………………………… 平河工業社
製　本 ……………………………………………… 誠製本

ISBN 978-4-7724-1201-8　C 3011　Printed in Japan ©2011

好評既刊

藤川洋子 [著]
発達障害と少年非行──司法面接の実際
A5判 232頁 定価 3,360円（税込）

少年たちの置かれている状況，虐待やいじめ，そしてさまざまな生物的要因と犯罪・非行の関係をわかりやすく解説し，脳科学の著しい進展を視野に，処遇における医療関係者，教育者，家族をはじめとする地域の人々が連携しあうことの重要性に論及した著者渾身の論文集。

生島　浩 [著]
非行臨床の焦点
A5判 160頁 定価 2,625円（税込）

長年にわたる実務経験を踏まえて，新しい少年法のもとでの非行臨床現場の現状と実践課題に焦点を当て，具体的な事例をもとに少年たちのより有効な立ち直りへの道筋を探究。さまざまな領域・対象への心理的援助の実際と問題点を詳述する。

生島　浩 [著]
非行少年への対応と援助──非行臨床実践マニュアル
四六判 210頁 定価 2,625円（税込）

著者は非行臨床固有の構造と対象者の特質を踏まえて，自らの経験と研究の蓄積から臨床家に「使い手のある」技法を一つずつ取り上げ，家族への対応と援助をも含めた具体的な事例をもとにその実際を詳述している。非行臨床の現場で面接を行うための実践的「マニュアル」。

生島　浩・村松　励 [編]
非行臨床の実践
A5判 220頁 定価 3,360円（税込）

本書は，精神療法家のためのすぐれた実践書である。しかし，その内容はマニュアル的なものではない。治療関係と構造，面接の方針，臨床現場における多面的な課題を取り上げ，精神療法面接をいかに行うべきかをわかりやすく解説している。

藤掛　明 [著]
非行カウンセリング入門──背伸びと行動化を扱う心理臨床
四六判 190頁 定価 2,310円（税込）

「背伸び・やせ我慢」をキーワードに，非行や過剰な行動化を示す若者たちの本質を理解するための「目のつけどころ」を，事例をもとに説き明かすとともに，その理解を援助と技法につなげる具体的な道筋を示し，効果的な面接の「かんどころ」をわかりやすく示す。

橋本和明[著]
非行臨床の技術——実践としての面接・ケース理解・報告
A5判上製　260頁　定価3,990円（税込）

法廷で「客観的事実」によって裁かれる少年たちは，児童虐待や発達障害による生きづらさという「主観的事実」をも抱えている。元家庭裁判所調査官の著者が10の技術論とケースレポートによって実践を総括する。

廣井亮一[著]
司法臨床の方法
A5判　200頁　定価2,940円（税込）

司法と臨床の交差領域で実践する家裁調査官の経験から，法的な判断のなかでの人間の全体性・関係性の回復への道を豊富な事例を交えながら解説する。司法・福祉機関の実務家，心理臨床家，学校教師など，法と臨床を横断する支援とコラボレーションが求められる専門職の新たな方法規準。

衣斐哲臣[著]
子ども相談・資源活用のワザ——児童福祉と家族支援のための心理臨床
A5判　230頁　定価2,940円（税込）

限られた時間，限られたマンパワーのなか，資源（リソース）を現場でどう有効活用するか。「テクニック」とそこにある「考え方」を，非行，子ども虐待，不登校，いじめなど子どもと家族が直面する事例を通じて考える。

井原　裕[著]
精神鑑定の乱用
A5判　200頁　定価3,360円（税込）

重大事件の精神鑑定を手がけてきた著者による司法臨床現場からの緊急報告。近年注目を集める広汎性発達障害患者の責任能力にまで論及。裁判員制度の時代における精神鑑定の問題点を明らかにした画期的論考。

石川義博[著]
少年非行の矯正と治療——ある精神科医の臨床ノート
A5判　240頁　定価3,780円（税込）

非行は時代の病理や家族・社会の変容を敏感に反映する。今，少年に何が起きているのか，面接困難な少年にどう対処するか，臨床家のあらゆるニーズに応えた非行臨床の第一人者による指導書。精神科医・心理専門職・調査官・司法矯正関係，等，非行にかかわるすべての臨床家に必読。

株式会社 **金剛出版**
112-0005 東京都文京区水道1-5-16升本ビル
http://kongoshuppan.co.jp／TEL: 03-3815-6661／FAX: 03-3818-6848／e-mail: eigyo@kongoshuppan.co.jp

好評既刊

生島　浩・村松　励 [編]
犯罪心理臨床
A5判　250頁　定価 3,780 円（税込）

犯罪心理臨床の現場で活躍する第一線の臨床家が，臨床現場で注目が集まっている諸問題を具体的な事例にもとづいて生々しく報告。臨床現場の主要な問題・アプローチを網羅し，司法・矯正保護関係をはじめ，福祉・教育・医学など各分野の臨床家の実践的ガイドブックとして最適である。

廣井亮一，中川利彦 [編著]
子どもと家族の法と臨床
A5判　264頁　定価 3,570 円（税込）

法律と心理臨床を両輪として子どもと家族をめぐる問題に取り組んできた現役の弁護士・裁判官と家庭裁判所調査官が，関連する法律・制度をふまえ，問題への対処の姿勢と解決への方法を基礎から解説する。家族紛争に戸惑うあらゆる専門家のための「法と臨床の協働」入門。

J・F・クーパー [著] ／岡本吉生，藤生英行 [訳]
ブリーフ・セラピーの原則──実践応用のためのヒント集
四六判　208頁　定価 2,520 円（税込）

MRIや解決志向によるアプローチをはじめ，短期力動的セラピー，対人関係的セラピー，認知行動療法，システム的／戦略的セラピーなど，現在の問題を査定しその問題の除去に力点をおく「ブリーフサイコセラピー」の基本的な考え方と実践で役立つ多くのヒントを紹介する。

中釜洋子 [著]
家族のための心理援助
四六判　254頁　定価 2,940 円（税込）

数ある心理援助アプローチのなかでも治療的効果が高い家族療法を，個人療法との両立・統合を視野におきながら，特に家族合同面接を中心に，その理論と技法を多くの面接場面を例示しながら解説する。

廣瀬健二 [著]
子どもの法律入門──臨床実務家のための少年法手引き
四六判　208頁　定価 2,520 円（税込）

家庭裁判所調査官や児童相談所相談員をはじめ，子ども，とりわけ非行少年にかかわることの多い臨床実務家のために，子どもに関する法・制度の概要をわかりやすく解説。少年法だけではなく，非行に走った子どもにかかわりの深い児童福祉法などに関しても多くの解説がなされている。